RAPTASTISCH

A. Joumaa Moldt
Valerias Bangert | Armend Meholli

UNNÜTZES RAP WISSEN

RAPTASTISCH

A. Joumaa Moldt
Valerias Bangert | Armend Meholli

UNNÜTZES RAP WISSEN

Von Apache 207 bis Zuna – alles, was deine Deutschrap-Helden lieber verschweigen würden

riva

Bibliografische Information der Deutschen Nationalbibliothek
Die Deutsche Nationalbibliothek verzeichnet diese Publikation in der Deutschen Nationalbibliografie. Detaillierte bibliografische Daten sind im Internet über http://dnb.d-nb.de abrufbar.

Für Fragen und Anregungen
info@rivaverlag.de

Originalausgabe
1. Auflage 2020

Nymphenburger Straße 86
D-80636 München
Tel.: 089 651285-0
Fax: 089 652096

Redaktion: Sabine Franke
Umschlaggestaltung: Karina Braun
Umschlagabbildungen: imago images/STAR-MEDIA, imago images/7aktuell, imago images/Jan Huebner
Innenabbildungen: © imago images/7aktuell: S. 23, © imago images/Eibner: S. 34, © imago images/Future Image: S. 39, 94, 169, 219, © imago images/HMB-Media: S. 158, imago images/Jan Huebner: S. 67, S. 132, 175, © imago images/STAR-MEDIA: S. 103
Layout und Satz: Carsten Klein, Torgau
Druck: CPI books GmbH, Leck
Printed in Germany

ISBN Print 978-3-7423-1571-7
ISBN E-Book (PDF) 978-3-7453-1250-8
ISBN E-Book (EPUB, Mobi) 978-3-7453-1251-5

Inhalt

Vorwort

Wenn Shirin David von einer Eidechse gebissen wird, berichtet RTL darüber. Und wenn Gzuz mal wieder vor Gericht steht, sitzt garantiert ein BILD-Reporter im Saal. Rap ist mittlerweile nicht nur die bedeutendste Jugendkultur, sondern auch die relevanteste Musikrichtung in Deutschland. Das zeigt nicht nur das Interesse der Medien. Das lässt sich auch anhand von Zahlen belegen: Von 31 Nr. 1-Hits, die es bis August 2020 an die Spitze der deutschen Singlecharts geschafft haben, waren 18 von Deutschrappern. Und zehn weitere Male sind es US-Rapper gewesen, die ganz oben auf dem Treppchen standen.

Die Faszination, die von Rap ausgeht, lässt sich aber nicht nur an Statistiken ablesen. Vor allem sind es die authentischen Geschichten und Persönlichkeiten, die das Genre so interessant machen und begeistern.

Die meisten von uns wissen sofort, was gemeint ist, wenn der Satz »Komm ins Café!« fällt. Aber weißt du, welcher Rapper in der Candy Crush-Bestenliste steht? Wer bei seinem Videodreh 1,5 Promille hatte? Oder welcher Rap-Film laut IMDb zu den 100 schlechtesten Filmen aller Zeiten gehört?

Wir alle lieben diese Art von unnützem Wissen, das das Leben nicht unbedingt besser, aber so viel amüsanter macht. Damit diese Fun Facts nicht in Vergessenheit geraten, haben wir bei Raptastisch die Köpfe zusammengesteckt und über 1000 Fakten aus mehr als 20 Jahren Deutschrap für dich gesammelt.

Mit diesem Buch hast du einen echten Wissensvorsprung und kannst überall mitreden.

Wir von Raptastisch wünschen dir eine vergnügliche Lektüre mit vielen Aha-Momenten und Lach-Flashs!

1 Nix als Erfolge

Kollegah hat in der 11. Klasse im Alter von 15 Jahren einen Malwettbewerb der Volksbank Hunsrück eG Simmern gewonnen. Das Thema des Wettbewerbs lautete »Märchen und Sagen«. Der Preis dafür war eine Fahrt ins Phantasialand.

Meros Musikvideo zum Song »Olabilir« ist das erfolgreichste Video eines deutschen Künstlers im Jahr 2019. Obwohl es erst im Juni veröffentlicht wurde, sammelte es bis Jahresende 140 Millionen Klicks. So schnell sammelte noch nie ein deutsches Video so viele Klicks.

Berlin lebt war im Jahr 2018 das meistgeklaute Album Deutschlands. Einige Geschäfte haben wegen der Klau-Welle angefangen, die CD-Hülle leer ins Regal zu stellen und die CD erst beim Kauf herauszugeben.

Gemeinsam mit seinem Kollabo-Partner Maxwell erhielt LX 2016 einen Echo als »Bester Newcomer«, konnte der Verleihung wegen einer Haftstrafe jedoch nicht beiwohnen.

Der Song »Fake Friends« von M.O.030 ist bis heute der am schlechtesten bewertete Song auf dem YouTube-Kanal von Bushido.

Das Musikvideo zu »Style & das Geld« von Kay One war über Jahre das meistgeklickte Rap-Video in Deutschland. Es hat laut Kay One aber nur 800 Euro in der Produktion gekostet.

YouTube hat eine Studie durchgeführt und zehn Songs ermittelt, die am meisten positive Stimmung erzeugen – und zur Überraschung aller fanden sich zwei Deutschrap-Songs in der Liste wieder: »Mörder« von Bonez MC und RAF Camora landete auf Platz 3 und »Heute mit mir« von Nimo auf Platz 4.

Sun Diegos Biografie hat sich öfter verkauft als das gleichnamige Album *Yellow Bar Mitzvah.*

Peter Fox hat das bis heute erfolgreichste Rap-Album in Deutschland abgeliefert. Sein einziges Solo-Werk *Stadtaffe* hat sich in Deutschland über 1,3 Millionen Mal verkauft. Das nächsterfolgreichste Rap-Album ist *Raop* von Cro mit 500 000 Verkäufen. *King* von Kollegah ist mit 350 000 Einheiten das erfolgreichste Album eines Rappers ohne Pop-Bezug.

Ardian Bujupi wurde nur Sechster bei *DSDS*, ist aber trotzdem einer der erfolgreichsten Künstler, die je an der Casting-Show teilgenommen haben. Seitdem er mit Rapmusikern zusammenarbeitet, ist er megaerfolgreich und hat sich vor einigen Monaten einen Mercedes AMG GT für 150 000 Euro gekauft.

Die jüngste weibliche Platz-1-Rapperin ist Hava. Sie ist am 12. August 1998 geboren und stieg am 13. Dezember 2019 im Alter von 21 Jahren und 4 Monaten mit ihrer Single »Kein Schlaf« auf der Poleposition der Charts ein.

Das teuerste Musikvideo der deutschen Rap-Geschichte wäre beinahe für immer verloren gewesen. Bonez MC und RAF Camora investierten 200 000 Euro für das Video zu »500 PS«, nur um anschließend zu erfahren, dass die Festplatte nach dem Dreh beschädigt wurde. Die Daten konnten gerettet werden, allerdings erschien das Video einige Tage später als geplant.

»Welcher Rapper geht mit seiner ersten Single Gold?«, fragt Miami Yacine im Song »Cazal«. Bereits einige! Neben ihm selbst mit »Kokaina« gelang dies Cro mit »Easy«, Fero47 mit »Jaja«, Mero mit »Baller los«, Loredana mit »Sonnenbrille« und JAZN mit »Bombay«.

Shiml veröffentlichte sein erstes Album 2004 auf einem Schulserver, von dem es über 100 000 Mal downgeloadet wurde.

»Roller« von Apache 207 ist der erste deutsche Song, der die Marke von 200 Millionen Streams erreichte. Der Song erhielt Diamant-Status.

Für sein Debütalbum im Jahr 2014 gab Ufo361 über 13 000 Euro von seinem eigenen Geld aus. Das Album floppte jedoch und er blieb auf den Kosten sitzen.

Bietigheim-Bissingen ist die Stadt mit der höchsten Dichte an erfolgreichen Rappern. Mit RIN, Shindy und Bausa stammen gleich drei Rapper, die mindestens eine Platinschallplatte haben, aus der Kleinstadt. In Bietigheim kommen folglich 14 000 Einwohner auf einen erfolgreichen Rapper.

Data Luv knackte am 25. April 2020 den Rekord von Mero als jüngster Goldrapper Deutschlands und unterbot ihn um mehr als zwei Jahre. Damit ist der jüngste Rapper mit einer goldenen Schallplatte gerade einmal 16 Jahre, 2 Monate und 22 Tage alt.

EnteTainment ist durch Videobattle-Turniere bekannt geworden und konnte Plattformen wie das JBB erfolgreich nutzen. Mit seinem ersten Album, das auf Platz 10 einstieg, verdiente er 80 000 Euro. Sein zweites Album chartete sogar auf Platz 4.

Der erfolgreichste Battle-Rapper aller Zeiten bleibt dennoch Sun Diego. Nachdem er als SpongeBOZZ das JBB und das JMC gewonnen hatte, verkaufte sich sein Debütalbum *Planktonweed Tape* über 75 000 Mal und chartete auf Platz 2.

Fler belegte im Jahr 2005 den 14. Platz auf der Liste der »100 nervigsten Deutschen«. Das Dumme an dem deutschen Rapper sei laut Sender ProSieben, dass man die Texte verstehe.

Miami Yacine knackte mit dem Video zu »Kokaina« als erster deutscher Rapper die Marke von 100 Millionen Klicks auf YouTube. Summer Cem überholte ihn mit »TMM TMM« und knackte als Erster und bis jetzt einziger Rapper die 200-Millionen-Marke.

Abaz und X-plosive wurden als erste deutsche Produzenten überhaupt für einen Grammy nominiert. Der Schweizer Produzent OZ, der eng mit Shindy zusammenarbeitet, erhielt für seine Produktionen für Travis Scott bereits einen Grammy.

RAF Camora gilt als reichster Rapper Deutschlands. Dabei machte er einen Großteil seines Vermögens nicht etwa mit seiner Musik, sondern weil er frühzeitig in Bitcoin investiert hat.

Bis heute haben es nur vier deutsche Rap-Songs geschafft, über 1 Million Mal verkauft zu werden und so eine Diamant-Schallplatte zu erhalten. Dies sind »Ohne mein Team«, »Was du Liebe nennst«, »Roller« und »Señorita«. Damit gibt es in ganz Deutschland nur sechs Diamant-Rapper.

Der beste Tag meines Lebens von Kool Savas wurde über 102 000 Mal verkauft, ist aber trotzdem nicht Gold, da das Album 2002 releast wurde und die damalige Grenze noch bei 150 000 Einheiten lag.

Kollegah hat im Jahr 2009 an ein Ende seiner Rap-Karriere gedacht, nachdem sich *Jung brutal gutaussehend* mit Farid Bang nur 3000 Mal verkauft hat. Als sein darauffolgendes *Zuhältertape 3* jedoch zum Verkaufserfolg wurde, entschied er sich dafür weiterzumachen.

Kool Savas dachte im selben Jahr ebenfalls an sein Karriereende. Sein Album *John Bello Story 3* verkaufte sich 37 000 Mal, was seinen Angaben nach die schwächsten Zahlen seiner Karriere gewesen seien. Er machte dennoch weiter.

Mero ist der jüngste Nummer-1-Rapper Deutschlands. Seine Debütsingle »Baller los« stieg am 30. November 2018 auf Platz 1, als er 18 Jahre und 4 Monate alt war. Mit 18 Jahren und 8 Monaten erhielt der Song die goldene Schallplatte.

Zwanzig Jahre nach seinem ersten Charteinstieg mit Eins Zwo schaffte Dendemann mit seinem Album *Da nich für!* den Einstieg auf Platz 1 der Albumcharts. Damit ist er der langlebigste noch aktive Chart-Rapper Deutschlands.

Kollegah ist mit 105 Songs der Rekordhalter in Deutschland für die meisten Songs in den Singlecharts. Ende 2017 schnappte er sich den Rekord von Bushido und Paul McCartney, die damals gleichauf lagen.

Der Osnabrücker Rapper John Webber, der früher eine Crew mit Sun Diego bildete, trat 2015 als Featuregast bei der türkischen Version von *Das Supertalent* auf. Er und die Kandidaten bekamen kein einziges »Ja« von der Jury.

Eminem verlor 1997 das Finale eines USA-weiten Rap-Battles gegen den Rapper OtherWize und belegte nur den zweiten Platz. Trotz der Niederlage wurde er gesignt und startete seine Weltkarriere, während seinen Kontrahenten heutzutage kaum jemand mehr kennt.

Die 257ers erreichten im November 2016 mit ihrem Video »Holz (Weihnachtslied)« nach nur drei Stunden die Marke von 1 Million Klicks und brachen damit den Rekord von Bushido, der bei sieben Stunden lag. Umstritten ist der Rekord jedoch, weil sie das Video auf Facebook und nicht auf YouTube veröffentlichten.

Katja Krasavice ist durch die Sexpuppe in ihrer Box zur größten Sexpuppen-Produzentin Deutschlands geworden. Mit 10 000 verkauften Gummipuppen übertraf sie den bisherigen Marktführer um das Fünffache.

RAF Camora hat bis zu seinem bekannt gegebenen Karriereende offiziell über 7,5 Millionen Einheiten verkauft und ist damit der erfolgreichste Rapper Deutschlands.

Das ist Alpha: Die 10 Boss-Gebote von Kollegah ist das erfolgreichste Buch eines deutschen Rappers und verkaufte sich über 100 000 Mal.

ApoRed hat zeitweise Platz 1 bis 4 in der Liste der Deutschrap-Videos mit den meisten Dislikes belegt, die Videos aber mittlerweile gelöscht. Sein Song »Everyday Saturday (Remix)« erzielte 930 000 Daumen nach unten.

Kontra K hat den höchsten Zuschauerschnitt bei Konzerten und konnte mit nur sieben Auftritten über 80 000 Tickets verkaufen.

Blutzbrüdaz mit Sido und B-Tight in den Hauptrollen war auf Platz 18 der erfolgreichsten Filme des Jahres 2012 und konnte über 5 Millionen Euro einspielen.

Mit 1,8 Milliarden Streams ist Capital Bra im Jahr 2019 der meistgehörte Künstler Deutschlands gewesen.

Der Untergrund-Rapper Josh Warren ging mit einem Track viral, den er »Pferdegeräusche« nannte. Der Song sammelte zehntausende Aufrufe, weil Leute nach echten Pferdegeräuschen suchten und stattdessen auf sein Video stießen.

Der Film *Zeiten ändern dich* orientiert sich an der Biografie von Bushido und steht mit einer Bewertung von 2,6 auf Platz 100 der schlechtesten Filme auf IMDB.

Bonez MC hat seine erste Platin-Schallplatte überhaupt, die er für die Single »Palmen aus Plastik« erhielt, zerbrochen.

JBG3 von Kollegah und Farid Bang ist das einzige Deutschrap-Album der Geschichte, das schon vor Release Gold gegangen ist. Die Vorbestellungen erreichten acht Tage vor der Veröffentlichung die Marke von 100 000 Einheiten. Vorheriger Rekordhalter war ebenfalls Kollegah, dessen Album *King* am Releasetag Goldstatus erreichte.

Im Frühjahr 2020 ging ein Rapper unter die Pizzabäcker. Die #TeamCapi-Pizza von Capital Bra hat sich in der ersten Woche über 500 000 Mal verkauft und war nach drei Wochen über 1 Million Mal ausgeliefert. Das ist der Pizza-Rekord in Deutschland.

Bushido griff die Sängerin Levina öffentlich an, nachdem diese mit nur 6 Punkten den vorletzten Platz beim Eurovision Song Contest für Deutschland geholt hatte.

Der erfolgreichste Song in der Geschichte des Deutschrap war nicht auf Anhieb ein Hit. In der ersten Woche stieg »Was du Liebe nennst« auf Platz 51 der Singlecharts ein. Erst in den kommenden Wochen stellte sich dann heraus, wie krass der Song abgehen sollte. Schlussendlich hielt er sich vom 13. Oktober bis zum 1. Dezember 2017 auf der Eins und kletterte im darauffolgenden Jahr am 16. Februar erneut auf Platz 1, womit der Song insgesamt neun Wochen auf Platz 1 stand. Das ist der Rekord für einen deutschsprachigen Hiphop-Song.

Negatiiv OG ist der teuerste Newcomer Deutschlands. Er unterschrieb einen 900 000-Euro-Deal bei Universal Music.

Der bosnische Rapper Buba Corelli kopierte Kollegahs Video »Pharao« fast eins zu eins für seinen Song »Opasno« und erzielte damit über 50 Millionen Aufrufe.

Der jüngste Rapper Deutschlands mit über 1 Million Klicks ist David Nine, der zum Zeitpunkt der Veröffentlichung des Musikvideos gerade einmal 9 Jahre und 1 Monat alt war. Mit 11 Jahren war er in der TV-Sendung *The Voice Kids* zu sehen.

Der Sänger Ruzhdi Bojani war Kandidat der Casting-Show *DSDS*, bekam jedoch keinen Recall-Zettel und ging mit viermal »Nein« nach Hause. Das Label 385idéal von Celo & Abdi erkannte jedoch sein Talent. Sie gaben ihm eine zweite Chance, indem sie ihn eine Single auf ihrem Kanal veröffentlichen ließen.

Laas Unltd. gestand im Jahr 2016, in zehn Jahren und mit sechs Alben nur 10 000 Einheiten verkauft zu haben.

Von dreizehn veröffentlichten Soloalben von Bushido sind nur zwei nicht Gold oder Platin gegangen. Eins davon wurde indiziert und darf ohnehin nicht mehr verkauft werden.

Das Album *One* von Kool Savas und Azad erreichte erst zwölf Jahre nach Veröffentlichung den Goldstatus für 100 000 verkaufte Einheiten. Jahrelang fehlten etwa 1500 Verkäufe, bis Kool Savas seine Fans mobilisierte, um das Album zu vergolden.

Mit Shindy, SpongeBOZZ, Mero, Shirin David, Majoe und Cro gibt es nur wenige Rapper, die mit ihrem ersten Album auf Platz 1 gechartet sind.

Der arabische Rapper Mr. Crazy hat für seinen Song »Machi Mochkil« den Beat von Zunas »Original« kopiert und steht damit bei über 48 Millionen Klicks, womit er mehr Aufrufe erzielen konnte als das Original.

JBG3 hält den Rekord für das Album mit den meisten verkauften Deluxe-Boxen. 75 000 *JBG 3*-Boxen wurden verkauft. Der vorherige Rekord lag bei 50 000 und wurde von Kollegah mit Imperator aufgestellt.

Seyed konnte mit seinem Debütalbum *Engel mit der AK* laut Kollegah über 16 000 Einheiten verkaufen, womit er bis heute das erfolgreichste Signing des Düsseldorfers bleibt.

Das meistgelikte Instagram-Bild eines deutschen Rappers ist ein Foto von Capital Bras Sohn. Über 930 000 Fans haben das Bild gelikt.

RAF und Bonez prophezeiten ihren Erfolg bereits im März 2016. Im Song »Geschichte« rappen sie: »Wir schreiben Geschichte« – der Song entstand noch vor dem Album *Palmen aus Plastik*.

Kollegah war bis Mitte 2018 der Rapper mit den meisten Likes auf Instagram.

Eko Fresh hat an der TV-Sendung *Schlag den Star* teilgenommen und dort den Preis von 100 000 Euro gegen Sarah Lombardi gewonnen.

Sido hat an Stefan Raabs TV-Polit-Sendung *Absolute Mehrheit* teilgenommen, in der er unter anderem eine Diskussion über die Legalisierung von Cannabis zu führen hatte. Dabei gewann er 300 000 Euro Preisgeld.

JAZN gilt als unbekanntester Gold-Rapper Deutschlands. Sein Song »Bombay« ging Gold, obwohl er weniger als 15 000 Fans bei Instagram hatte.

Die Ex-Freundin von Nimo sagte ihm, dass sie nicht an seine Musikkarriere glaube. Jahre später schickte er ihr seinen Song »Wie Falco« zusammen mit einem Kuss-Emoji als Antwort.

2019 war Bushido eine von sechzehn Personen in ganz Berlin, die unter Polizeischutz standen. Darunter waren außer ihm der Regierende Bürgermeister von Berlin, der Innensenator und einige Diplomaten. Insgesamt achtzig Beamte wurden zum Schutz dieser Personen abgestellt, wovon durchschnittlich fünf auf Bushido entfielen.

Vega konnte die Frankfurter Batschkapp zweimal hinterher ausverkaufen. Gemeinsam mit Schwesta Ewa als Überraschungsgast spielte er zwei Tage lang vor 1500 Menschen. Ewa feierte bei beiden Konzerten ordentlich mit den Fans des Frankfurters mit und war danach zwei Tage lang verkatert.

»2020 Bars (The Goat)« von Eko Fresh ist der längste deutsche Rapsong aller Zeiten und dauert 1 Stunde, 27 Minuten und 45 Sekunden.

Mit Apache 207, Shirin David, Capital Bra und Kontra K waren bereits zahlreiche deutsche Rapper unter den offiziellen Werbegesichtern von Nike.

Bausa hat eigenen Angaben nach versucht, mit »Was du Liebe nennst« den dümmsten Song seiner Karriere zu machen. Zuvor war »Baron« nach Bausas Aussage gleichzeitig sein dümmstes, aber auch sein erfolgreichstes Lied gewesen. Er wollte ein noch dümmeres Lied machen, um zu sehen, ob dies noch erfolgreicher sein würde. Schlussendlich verkaufte er sich über 1,2 Millionen Mal und ist der bis heute erfolgreichste Song der Deutschrap-Geschichte.

RAF Camora hat seinem 94 Jahre alten Opa seine Musik vorgespielt. Dieser lachte ihn nur aus.

Loredana war 2019 die erfolgreichste Musikerin der Schweiz.

Die Musikvideos »TMM TMM« von Summer Cem und »Palmen aus Plastik« von Bonez MC und RAF Camora überschritten absolut zufällig am selben Tag die Marke von 100 Millionen Klicks.

Wenige Monate, nachdem er für »Ya Salam« mit einer goldenen Schallplatte ausgezeichnet worden war, brannten die Büroräume von Kurdo komplett ab. Alles war zerstört – bis auf seine goldene Schallplatte, die lediglich mit Ruß bedeckt war.

Capital Bra ist der erfolgreichste Chart-Künstler in Deutschland und hat den ewigen Rekord der Beatles für die meisten Nummer-1-Platzierungen gebrochen. Die britische Band kommt auf dreizehn Polepositionen. Der Bratan hat dafür nur zwölf Monate gebraucht.

Die *Palmen aus Plastik 2*-Tour ist die erfolgreichste Tour der Deutschrap-Geschichte und hatte etwa 220 000 Besucher. Aufgrund der Nachfrage spielten Bonez MC und RAF Camora an vier Tagen in Folge in Köln.

Geleakte Songs sind nicht nur ärgerlich für den betroffenen Rapper, sondern sind für die Täter auch ein lohnendes Geschäft. Ein US-Amerikaner, der in der Musikindustrie arbeitet, hat einen geleakten Song von Playboi Carti auf Spotify hochgeladen und damit über zwei Millionen Streams erzielt. Etwa 12 000 US-Dollar hat er auf diese Weise mit nur einem Song ergaunert.

2012 galt das Image von Sun Diego wegen seiner Beteiligung am ehemals verhassten Kollegah-Album *Bossaura* als angeschlagen. Fans gründeten sogar eine Facebook-Seite, die gegen den Einfluss des Osnabrückers auf Kollegahs Musik protestierte. Monate später konnte er sein Ansehen mit dem Song »Moneyrain Empire« wieder nahezu rehabilitieren. Sein ehemaliger Crew-Kollege kaufte ihm als misslungenes Geschenk jedoch über Nacht 200 000 Klicks, was den Fans auffiel und sich wieder negativ auf Sun Diegos Ruf auswirkte.

»Wolke 7« von Mero hält mit 4,4 Millionen YouTube-Klicks in 24 Stunden den Rekord für die meisten Aufrufe an einem Tag.

»Hobby Hobby« von Mero hat es als erster deutscher Song in die Global Top 50 von Spotify geschafft.

Ein Foto von Schwesta Ewa ist zum Internet-Meme in Russland geworden. Auf dem Bild sitzt die Rapperin in einem roten Ferrari und lässt sich von mehreren Bodybuildern ziehen. Geteilt wurde das Bild unter anderem auf einer Seite mit 18 Millionen Followern.

Kay One hat als erster deutscher Rapper eine Clubtour durch Dubai gespielt.

Veysel ist als Teil des Serien-Casts von *4 Blocks* mit der Goldenen Kamera ausgezeichnet worden.

Kontra K hat zwischen 2014 und 2020 über 1 Million Tonträger verkauft.

Jetzt wird's unheimlich: In seinem Song »Schwarzer Rabe« hat RAF Camora seinen Erfolg schon 2010 haargenau prophezeit. So rappt er darin: *»Ich denke nach, sehe Bilder von Cash / Bilder von ausverkauften Hallen, Bilder von Chais / Bilder vom Haus dort am Strand / Bilder von Geld, Bilder von Goldplatten.«*

Kollegah ist einer der wenigen Rapper, die mit zwei Alben 5 von 5 Sternen bei Laut.de erzielen konnten. Geschafft hat er dies mit *Alphagene* und *Zuhältertape 3*.

Zur Feier von 1 Million Instagram-Followern hat Kontra K 1000 Liegestütze am Stück gemacht. Er hatte zwei Tage lang Muskelkater.

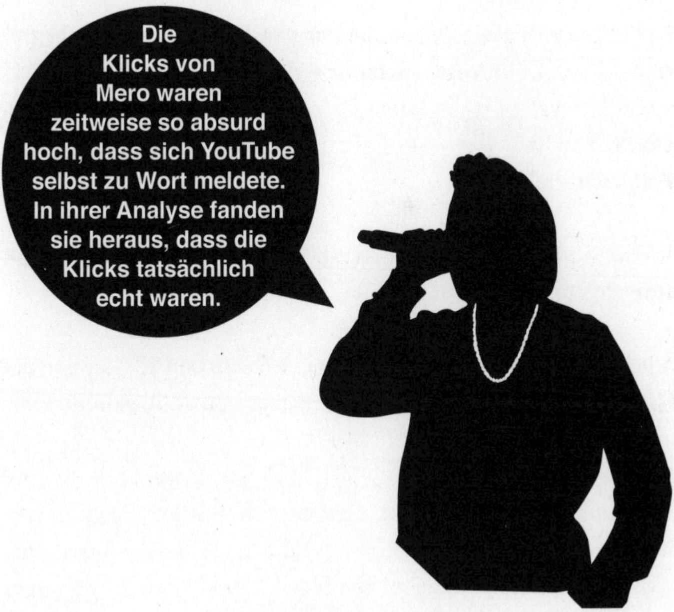

Capital Bra hat mittlerweile mehr Reichweite als die meisten Fernsehsendungen. Der Rapper postete am 13. März 2019 die Impressionen seiner Instagram Story. 2 Millionen Menschen sahen an diesem Tag seine Story. Am selben Tag erreichte die Sendung *DSDS* nur 1,69 Millionen Zuschauer in der Zielgruppe der 14 bis 49-Jährigen.

Kurios: Tanzverbot hat das »größte« Rap-Konzert der Deutschrap-Geschichte gespielt. Der YouTuber rappte live auf einer Bühne und war dabei in einem Livestream des Twitch-Streamers Knossi zu sehen. Mehr als 200 000 Menschen sahen Tanzverbot zeitgleich beim Rappen zu. Das hatte es noch nie gegeben.

Das Video »Haifisch Nikez 2« von der 187 Strassenbande hat es auf Platz 24 der Amerikanischen YouTube-Trends geschafft.

Ali Bumaye war der erste Rapper bei Ersguterjunge mit einer Platin-Single.

»Willst du« von Alligatoah hat sieben Jahre nach Release den Diamantstatus erreicht.

»Olabilir« von Mero erreichte in nur 2 Tagen und 22 Stunden die Marke von 10 Millionen YouTube-Klicks. Das hat niemand vor und nach ihm geschafft.

Vor einigen Jahren war H&M in einen Rassismus-Skandal verwickelt, als das Unternehmen ein Kleidungsstück mit der Aufschrift »Coolest Monkey in the Jungle« präsentierte und einen schwarzen Jungen als Model auswählte. P. Diddy bot dem Jungen daraufhin einen Werbedeal über 1 Million US-Dollar an.

Das Album *Hitman* von Veysel erschien nach dessen Auftritt in der Serie *4 Blocks* und verkaufte sich etwa fünfmal besser als seine Alben vor der Fernsehserie.

Shaho Casado ist heutzutage der wahrscheinlich größte Video-Regisseur Deutschlands und arbeitet mit RAF Camora, Bonez MC und Shirin David zusammen. »Entdeckt« wurde er jedoch von Fler, der schon 2012 mit ihm zusammengearbeitet hat.

US-Rapper Gashi steht bei Jay-Z unter Vertrag und wurde durch das Video »Was hast du gedacht« auf Gzuz aufmerksam. Nachdem er den Song gehört hatte, richtete er eine öffentliche Feature-Anfrage an den Hamburger.

DCVDNS ist Rekordhalter des *Splash!-Mag*-Punchline-Quiz und erriet nicht nur 10 von 10 Punchlines, sondern brauchte zudem achtmal keine Antwortmöglichkeit. Unter anderem kannte er eine Zeile aus einem Kool-Savas-Freestyle aus dem Jahr 2004, der ohne Titel auf YouTube hochgeladen wurde.

Bonez MC und RAF Camora erhielten für das Album *Palmen aus Plastik 2* jeweils 2 Millionen Euro Vorschuss, was bis heute der höchste Vorschuss für ein einzelnes Deutschrap-Album ist.

»So wie du bist« von MoTrip war Teil einer Fernseh-Werbekampagne der Firma Beats by Dre.

»Dreh den Swag auf« war 2010 einer der bekanntesten Rap-Songs in Deutschland und erreichte schon damals 22 Millionen Klicks. Nur »Style & das Geld« von Kay One und »Alles wird gut« von Bushido kamen damals in die Nähe dieser Klickzahlen.

»Tilidin« von Samra und Capital Bra hält in Deutschland den Rekord für die meisten Streams an einem Tag (3 Millionen Mal) und in einer Woche (14,4 Millionen Mal).

LIDL hat einen Nagelknipser und einen aufblasbaren Flamingo ins Sortiment aufgenommen, nachdem Bonez MC diese Gegenstände mehrfach in seiner Story präsentiert hatte und dadurch die Nachfrage der Kunden gestiegen war.

RAF Camora und Bonez MC waren 2019 die nationalen Topverdiener auf dem Frauenfeld-Festival und bekamen jeweils um die 75 000 Franken. Nur Weltstars wie Travis Scott und Cardi B erhielten deutlich mehr Gage und verdienten 750 000 Franken für ihren Auftritt.

Kein deutscher Rapper hat eine größere Fanbase in den USA als Gzuz.

AK Ausserkontrolle wurde für »Jim Beam & Voddi« mit einer goldenen Schallplatte ausgezeichnet.

OG Keemo war zeitweise auf Platz 6 der Candy-Crush-Bestenliste in Deutschland. Er spielt das Spiel seit 2013 fast durchgehend.

Summer Cem hat etwas mit den Schlümpfen gemeinsam. Er produzierte eine Cover-Version des Songs »Summer Jam« aus dem Jahr 2000. Im Jahr 2001 wurde der Song als Schlumpf-Version veröffentlicht.

Dieter Bohlen hat bereits zweimal erfolgreich mit Rappern zusammengearbeitet. Sowohl »Louis Louis« von Kay One als auch »Cherry Lady« von Capital Bra – beides Cover-Versionen von Modern-Talking-Hits – sind Gold gegangen.

Kontra K hat bei seinen Live-Shows den höchsten Zuschauerschnitt der Deutschrap-Szene.

»Nummer 1« von Azet und Zuna ist der erste Deutschrap-Song, der ohne Musikvideo Platin gegangen ist.

Im Rahmen der Deluxe-Box seines Albums *Alphagene 2* hat Kollegah ein Feature mit sich verlost. In einer Box ist ein USB-Stick versteckt, der zum Feature berechtigt. Bis heute hat sich aber niemand gemeldet, der den Gewinn einlösen wollte.

Nur zwei Wochen nach Veröffentlichung auf Netflix wurde bekanntgegeben, dass die Serie *Skylines* eingestellt wird. Trotz Beteiligung von Azad, Celo & Abdi, Olexesh, Nimo, Twin, Azzi Memo, Nura, Bazzazian und MC Bogy konnte die Serie nicht die gewünschten Abrufzahlen erreichen.

Marcus Staiger bestätigte, dass eine Bushido-Dokumentation für Netflix gedreht wird.

»Kokaina« ist nur die zweiterfolgreichste Single von Miami Yacine. »Bon Voyage« konnte sich öfter verkaufen und hat mehr Streams.

RAF Camora hat mehr Alben und Singles in Deutschland verkauft als Modern Talking.

Gzuz gewann sowohl 2016 als auch 2018 den Hiphop.de-Award für die Beste Punchline.

Capital Bra war der erste deutsche Rapper mit zwei, drei, vier und fünf Nummer-1-Singles hintereinander. Fünf Nummer-1-Singles am Stück sind bis heute der Rekord. Dies hat er zweimal geschafft.

MoTrip hat den offiziellen Soundtrack der Werbekampagne »Here to create« von Adidas und dem FC Bayern München gemacht.

Supersize von Shirin David war 2019 weltweit das meistgestreamte Rap-Album einer weiblichen Künstlerin – noch vor Megan Thee Stallion, Cardi B und Iggy Azalea.

»Easy« von Cro ist die erfolgreichste Debütsingle überhaupt. Niemand außer ihm hat es geschafft, über 500 000 Einheiten mit seiner ersten Single zu verkaufen.

2018 wurden die Richtlinien zur Vergabe von Schallplatten-Auszeichnungen geändert. Statt 20 Millionen braucht man seitdem 40 Millionen Premiumstreams für eine goldene Schallplatte, 80 Millionen für Platin und 200 Millionen für Diamant.

»Zieh den Rucksack aus« von Kollegah und Farid Bang ist eigentlich eine Parodie auf Afrotrap. Trotzdem ist es für beide die erste Single gewesen, mit der sie Gold gehen konnten.

Miami Yacine ist der einzige deutsche Rapper, der eine Platinschallplatte in Italien bekommen hat. Ausgezeichnet wurde er für die Single »Uber« mit Sfera Ebbasta.

Money Boy war der erste deutsche Rapper mit einem Video auf Worldstar Hiphop.

Zwischen dem 15. März 2019 und dem 31. Januar 2020 veröffentlichte Capital Bra dreizehn eigene Singles, von denen zehn auf Platz 1 einstiegen. Dies ist die erfolgreichste Phase, die ein deutscher Rapper jemals gehabt hat.

Eminem hat das größte Rap-Konzert aller Zeiten in Deutschland gespielt. Auf dem Messegelände in Hannover kamen 75 000 Menschen zu seinem Auftritt. Die Tickets waren in fünf Minuten vergriffen.

Apache 207 wurden 14 000 Streams aus Hongkong gekauft, weshalb er kurzzeitig auf Platz 2 der dortigen Spotify-Charts landete. Der Musiker sprach die Sache offen an und erklärte, dass man ihm damit habe schaden wollen.

»Was du Liebe nennst« von Bausa feierte nach 9 Wochen Platinstatus. So schnell schaffte es noch keiner.

»Romeo & Juliet« von Mozzik und Loredana war am Releasetag in den USA unter den zehn meistgesuchten Songs auf der Lyrics-Plattform Genius. Hunderttausende Amerikaner wollten verstehen, was die beiden sagen.

Laas war am Schreibprozess der Alben *KKKMM*, *Weil die Straße nicht vergisst*, *Vibe* und *Epic* von Fler, *Rumble in the Jungle* von Ali Bumaye und *Dreams* von Shindy beteiligt. Damit hat Laas vier Nummer-1-Alben und ein Gold-Album geschrieben.

Die Dokumentation *Nimoriginal* über Nimo wurde auch ins Englische und Persische übersetzt.

Goldrapper Ali471 stand einige Monate bei Bra Musik von Capital Bra unter Vertrag, verließ das Label aber, ohne einen einzigen Song darüber releast zu haben.

Kein Rap-Album in der Geschichte wurde schlechter bewertet als *F.A.M.E.* von Leon Machère. Kümmerliche 1,3 Sterne bekam es von den Fans auf Amazon.

Bei der Wahl zum besten Rapper aller Zeiten auf der Website *Rankers.com* wurden 2 Millionen Stimmen abgegeben. Dabei landete Eminem vor Tupac und Biggie auf Platz 1.

2 Körperkult

Bonez MC ist mit 1,98 Meter einer der größten deutschen Rapper und zudem ein sehr guter Basketball-Spieler. In seiner Jugend war er einige Jahre auf einem Sport-Internat und strebte eine Karriere als Basketballer an. Im Laufe der Zeit verlor er jedoch das Interesse und wandte sich dem Sprühen und dem Rappen zu.

Yung Hurn spielte bis zur U15 beim SV Hirschstetten Fußball.

Ufo361 war mit 14 Jahren Kickbox-Weltmeister. Sein Onkel ist der Weltmeister-Trainer Mutlu Tasev.

Kollegah schlief jahrelang neben seinem Bett auf dem Fußboden, um sich physisch und mental abzuhärten. Manchmal legte er sich bewusst auf seinen Musikantenknochen und trainierte, den Schmerz auszublenden.

Olexesh nahm für sein erstes Musikvideo als Signing von 385idéal 20 Kilo ab, um gut auszusehen.

Shirin David hat bisher über 75 000 Euro in Schönheits-Operationen investiert.

Nach ihrer aktuellen Brustvergrößerung hat Katja Krasavice Körbchengröße E.

Kollegah wollte nach seinem Album *King* zeitweise als MMA-Kämpfer antreten und trainierte jeden Tag dafür. Einen Kampf bestritt er allerdings nie.

Apache 207 ist offiziell der größte Rapper Deutschlands. Der Musiker aus Ludwigshafen ist zwei Meter groß und damit zwei Zentimeter größer als Bonez MC und sogar vier Zentimeter größer als Samy Deluxe, der lange Zeit als der größte Rapper galt.

Farid Bang scherzte in Bezug auf die TV-Sendung *Adam sucht Eva*, dass er sein Gemächt nicht im Fernsehen zeigen könne, da Millionen von Männern aufgrund der Länge seines Genitals einen Schock bekommen würden. Zwei US-Medien griffen die Aussage auf und schrieben Berichte darüber, die auf zwei Facebook-Seiten mit über 40 Millionen Followern geteilt wurden.

Kollegah hat das Armband einer 35 000 Euro-Rolex zerstört, indem er seinen Unterarm zu stark angespannt hat.

Alpa Gun-Signing Monkey41 war vor seiner Rap-Karriere Karatesportler und hat unter anderem an der deutschen Meisterschaft teilgenommen.

Capital Bra spielte in seiner Kindheit Fußball beim Berliner Fußballclub Dynamo 1966.

Auf seinem ersten Album rappte Bonez MC mehrfach über Sport und erklärte, dass er gerne joggen gehe, aufs Laufband steige oder Kilos hebe. Jahre später meinte er dagegen, dass er Millionär sei und die schönsten Frauen habe und deshalb keinen Sport mehr brauche.

Kollegah trägt eine bis heute sichtbare Narbe, die sich über den gesamten Oberarm erstreckt. Diese hat er sich zugezogen, weil er sich beim Armdrücken nach hinten gelehnt hat. Sein Gegner war der Fotograf Paul Ripke.

Jalil litt während der Promophase zu *Epic* unter kreisrundem Haarausfall und musste die Lücken in seinem Haarwuchs bei Fotoshootings und Musikvideos kaschieren.

6ix9ine ist Asthmatiker und gehörte während der Coronakrise zur Risikogruppe. Aufgrund seiner Vorerkrankung wurde er mehrere Monate früher aus dem Gefängnis entlassen, um sich dort nicht anzustecken.

Ärzte sagten den Eltern des Hamburgers Payman, als dieser drei Jahre alt war, dass sie sich aufgrund seines schwachen Immunsystems besser auf seinen Tod einstellen sollten.

Abdi kam nach nur sieben Monaten als Frühchen auf die Welt und lebt seitdem mit einem angeborenen Herzfehler. Die Ärzte zweifelten sogar daran, dass er wachsen und das Kindesalter überleben würde. In diesem Jahr feiert er aber seinen 32. Geburtstag und kann ohne Einschränkungen leben.

Lil Wayne leidet unter epileptischen Anfällen und wurde bereits mehrfach bewusstlos aufgefunden.

Bausa hat sich bei einem Trip in Südafrika den Daumen aufgeschnitten und dabei zwei Sehnen durchtrennt.

Im »HDF«-Video von Sinan-G hat sich ein witziger Fehler eingeschlichen. Ein Schauspieler nimmt Sinan-G darin seine Brille weg und will sie sich aufsetzen. Dabei sticht er sich am Bildrand den Bügel ins eigene Auge, während Sinan anfängt zu rappen. Dem Darsteller ist zum Glück nichts Schlimmeres passiert.

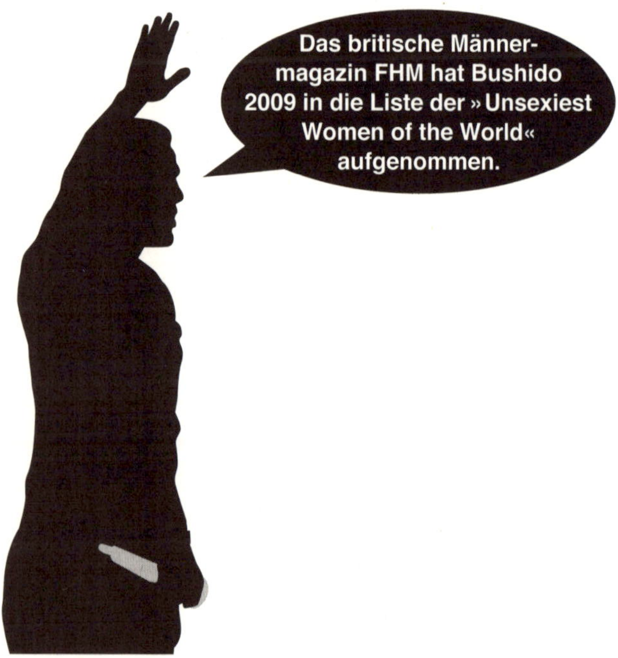

Eko Fresh fiel während eines Videodrehs auf Mallorca vom Quad und zog sich eine Gehirnerschütterung zu. Seine ersten Worte nach dem Aufprall waren: »Bin ich jetzt tot?«.

Marcus Staiger führte vor einigen Jahren ein Interview mit Eko Fresh in einer Sauna. Erst sagte er ihm ins Gesicht, dass er sein Album katastrophal finde, danach sprang er nackt in den Pool.

Farid Bang gab in einem Interview im Jahr 2012 an, mit circa 700 Frauen geschlafen zu haben.

Bushido nannte im Jahr 2010 dieselbe Anzahl an Frauen, mit denen er schon im Bett gewesen sei. Die meisten davon hatte er während seiner Touren. 2015 stellte er klar, dass er vergeben sei und das natürlich nicht mehr mache.

Jigzaw leidet eigener Aussage nach an Hypersexualität und habe mit über tausend verschiedenen Frauen geschlafen.

Al-Gear ist bekannt als »Milfhunter« und bevorzugt den Verkehr mit älteren Frauen. Seine älteste Partnerin war 46 Jahre alt. Zu diesem Zeitpunkt war er noch unter 30.

Sido hatte eigener Aussage nach schon Sex auf dem Zeltplatz des Splash!-Festivals.

Am Ende des Songs »Respect« ist zu hören, wie Biggie beim Oralverkehr stöhnt. Jahre später bestätigte sein damaliger Manager P. Diddy, dass die Geräusche echt sind.

Action Bronson hasst auf der ganzen Welt nichts mehr, als das Geräusch, wenn jemand gegen eine Tür klopft.

»Schnapp, macht das Krokodil« lautet eine berühmte Catchphrase der 187 Strassenbande. Diese wurde beim Videodreh zu »Jim Beam & Voddi« von AK Ausserkontrolle und Bonez MC Realität. Eine Tänzerin wurde von einem Krokodil gebissen und erlitt leichte Bisswunden am Hintern.

Im Musikvideo »Rolling Stones« von Kurdo und Majoe ist zu sehen, wie Majoe seinem Partner während einer Performance-Szene auf den Fuß tritt. Kurdo schaut ihn daraufhin ziemlich böse an. Die Szene wurde nicht rausgeschnitten – sie war dem Video-Cutter nicht aufgefallen.

Im Musikvideo zu »Nicht jetzt« legt KC Rebell während Summer Cems Part eine Tanzeinlage im Hintergrund hin. Dem Cutter des Videos ist aber nicht aufgefallen, dass KC dabei stolpert und hinfällt. Die Szene ist bis heute im Video zu sehen.

Der frühere Optik Records-Rapper Amar saß nach einem Beckenbruch mehrere Monate im Rollstuhl.

Bis zu seinem Lungenkollaps hat Ufo361 bis zu fünfzehn Joints am Tag geraucht.

Kontra K wäre während eines Konzerts fast erblindet. Er spielte gerade auf der Bühne, als er plötzlich nichts mehr sehen konnte. Später wurde bekannt, dass er seit Tagen eine Augenentzündung mit sich herumschleppte. Die nächsten 48 Stunden konnte er fast nichts sehen.

Farid Bang hat 2017 auf das Ziel hingearbeitet, dass seine Unterarme breiter als seine Beine sind.

Shirin David hat eigenen Angaben zufolge einen Hüftumfang von 111 Zentimeter. Ihren Po hat sie durch Brazilian Butt Lifting vergrößern lassen.

Der Newcomer Drippy hat sich ein Pikachu über sein gesamtes Gesicht tätowiert.

Bonez MC hat sich die Worte »Beste Leben« in arabischer Schrift tätowieren lassen.

Gzuz hat eine seiner legendärsten und gleichzeitig traurigsten Zeilen als Tattoo. Auf dem Rücken trägt er das Zitat: *»Keine Kohle, aber immer lecker Essen da / Die Liebe in der Bolognese kannst du nicht mit Cash bezahlen«*, die er nach dem Tod seiner Mutter gerappt hat.

Nimo und Olexesh haben auf dem rechten Unterarm das gleiche Tattoo. Es zeigt das Logo des Labels 385i von Celo & Abdi, auf dem sie zu Stars geworden sind.

Bonez MC und Gzuz sind beste Freunde und haben sich als Beweis das Gesicht des jeweils anderen auf ihren Oberschenkel tätowiert.

Azet hat sich den Namen seines Kumpels Zuna auf das rechte Bein tätowiert.

Jigzaw hat das Wort »Alpha« in kyrillischer Schrift auf seinen linken Handrücken tätowiert. Dies ist unter anderem auf dem Cover seines Debütalbums *Post Mortem* zu sehen.

Auch RAF Camora ist ein großer Freund von Tattoos. Sein erstes Tattoo ging allerdings in die Hose. Im Alter von 15 Jahren ließ er sich von seinem Kumpel ein Tattoo auf den oberen Rücken stechen, das jedoch komplett misslang. Trotzdem trägt er es bis heute als Andenken.

Bushido hatte jahrelang die Worte »Bushido« und »Electro Ghetto« als Tattoos auf dem Unterarm. Diese ließ er sich vor dem Videodreh zu »Hades« in Japan überstechen und hat jetzt unter anderem Blumenmuster auf dem Arm.

Bonez MC hat sich sein Tattoo auf dem rechten Ringfinger weglasern lassen.

Produzent Hassan Annouri wurde Opfer eines schweren Irrtums, als ihm vorgeworfen wurde, 2015 einen 38-Jährigen lebensgefährlich verletzt zu haben. Er hätte wegen versuchten Totschlags mehrere Jahre Haft bekommen können. Jedoch wurde vor Gericht festgestellt, dass es sich um eine Verwechslung handelte und er dem Täter nur sehr ähnlich sah.

Pornostar Lucy Cat hat Kool Savas Nacktfotos von sich zu Weihnachten geschenkt. Der Familienvater bedankte sich, gab die Bilder aber an sein Team weiter.

Schwesta Ewa und Katja Krasavice brachten beide eine Sexpuppe auf den Markt, die jeweils so aussahen wie sie selbst. Die Puppen gab es als Bonus-Inhalt in ihren Deluxe-Boxen. Katja verkaufte über 10 000 dieser Sexpuppen.

SSIO besitzt die Sexpuppe von Katja Krasavice.

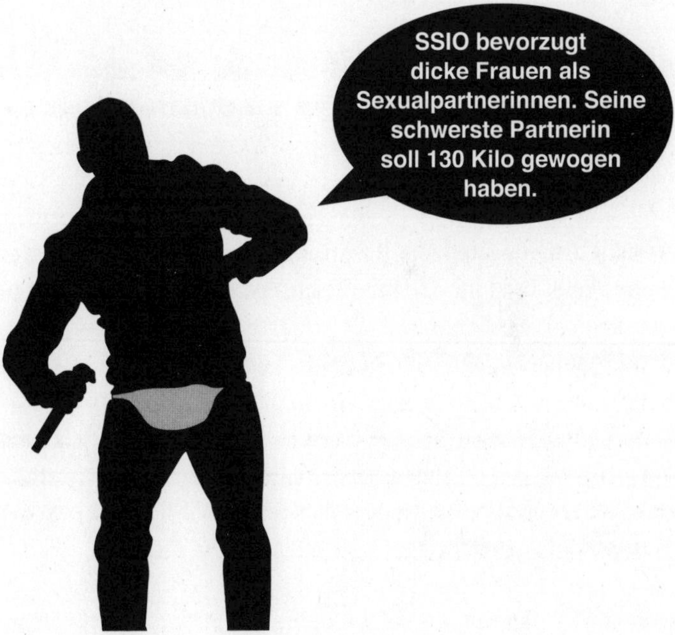

Mia Madisson, bekannt aus den RTL-Sendungen *Der Bachelor* und *Paradise Hotel*, behauptet, etwas mit einem deutschen Rapper gehabt zu haben. Dieser soll während des Akts ihre Füße abgeleckt haben.

Antonio Sammarco ist professioneller Fifa-Spieler und wurde bekannt, als er erklärte, seit acht Monaten keinen Sex mehr gehabt zu haben. Schwesta Ewa bekam das mit und bot ihm an, mit ihr die Durststrecke zu beenden.

Mert will keine feste Beziehung haben, da er eigener Aussage nach nicht treu bleiben kann.

Samra und Fler behaupteten unabhängig voneinander, dass Animus impotent sei. Beide hatten jedoch zum Zeitpunkt der Vorwürfe Streit mit ihm.

Kollegah hat einem BILD-Redakteur nach einem negativen Bericht dazu geraten, die Bosstransformation zu machen. Der Journalist Christoph B. nahm sich diese Aussage zu Herzen und zog sie wirklich durch. Er erklärte hinterher, dass er von den Ergebnissen der Trafo begeistert sei.

Bass Sultan Hengzt hat ein einziges Mal Kampfsporttraining ausprobiert. Als er zum ersten Mal beim Boxen war, sprang ihm die Kniescheibe raus, weshalb er seitdem nie wieder Kampfsport gemacht hat.

Bonez MC hatte im Laufe der Jahre immer wieder mit Übergewicht zu kämpfen. Aktuell hat der 34-Jährige wieder auf ein gesundes Maß abgenommen, auf seinem Höchststand wog er jedoch 120 Kilo mit einem BMI von 30,6.

Der Frankfurter Vega lebt seit einigen Jahren komplett vegan. Durch seine Ernährungsumstellung und einen gesunden Lebenswandel konnte er auch seinen Gewichtsproblemen beikommen.

Kool Savas ist überzeugter Vegetarier und isst seit gut 20 Jahren kein Fleisch mehr, vor allem aus Tierschutzgründen.

Bonez MC ist Veganer.

Shirin David hat trotz einer halben Million Euro Gage einen Werbedeal für einen Diätshake abgelehnt, da sie Diätprodukte allgemein ablehnt.

Eunique hungerte sich nach ihrem ersten Album stark runter, um gut auszusehen, und war in ihrer schlimmsten Phase nur noch 42 Kilo schwer, womit sie Untergewicht erreicht hatte.

Das Model Sophia Vegas, ehemals Sophia Wollersheim, hat das erklärte Ziel, den dünnsten Taillenumfang der Welt zu haben, und ließ sich dafür sogar ein paar Rippen entfernen. Ihr kleinster Taillenumfang lag bei 47 Zentimeter. Majoe kommt während der Massephase auf 47 Zentimeter Bizepsumfang. Damit ist der Arm von Majoe breiter als eine erwachsene Frau.

Finch Asozial ist während eines Rap-Battles gegen Clep komplett ausgerastet, weil dieser ihn angefasst hat. Der Rapstar unterbrach das Battle und drohte ihm mit dem Tod, wenn er ihn noch einmal berühren sollte. Das Battle ist mit über 2 Millionen Views eines der meistgesehenen überhaupt.

Juri soll sich mit JuliensBlog geprügelt haben und hat ihn wegen eines Disstracks angeblich durch die Scheibe einer Aldi-Filiale geboxt.

RAF Camora war in Marseille beim Videodreh eines französischen Rappers zu Gast. Als er für das Video einen Wheelie machen wollte, fiel er vom Roller und brach sich mehrere Knochen in der rechten Hand und dem rechten Arm.

Kontra K macht alle Stunts in seinen Musikvideos selbst und brachte sich damit schon mehrfach in Lebensgefahr.

Gzuz hat versucht, beim Splash!-Festival zu stagediven, obwohl das Publikum mehrere Meter von der Bühne entfernt stand. Der Rapper unterschätzte die Strecke und stürzte zwei Meter in die Tiefe. Er konnte direkt wieder aufstehen und normal weitermachen.

Massiv wurde mal von einem Bus angefahren.

Nachdem sie innerhalb von nur elf Monaten insgesamt acht Unfälle mit ihrem Auto gehabt hatte, fiel Schwesta Ewa in ihrer Wohnung in Düsseldorf auf der Treppe und brach sich das Steißbein.

Rick Ross wurde nur wenige Tage nach seinem Feature auf Flers »Big Dreams« mit einem Herzinfarkt ins Krankenhaus eingeliefert.

Während des Videodrehs zu »Olabilir« in der Türkei litt Mero unter schwerem Fieber. Es wurde so schlimm, dass er zwischendurch ins Krankenhaus eingeliefert werden musste.

Bonez MC lag während eine Partyurlaubs einige Tage in einem Krankenhaus in Los Angeles. Den Grund dafür hat er nie verraten.

Capital Bra hat ADHS.

Bonez MC ist Fußfetischist.

Eine ganze Reihe deutscher Rapper sind bekennende Fußfetischisten. Bonez MC, Kool Savas, Milonair und Remoe sprachen öffentlich über ihre Vorlieben. Die drei letztgenannten haben mit dem Song »Sneakers & Heels« sogar einen Song über ihren Fetisch gemacht.

Eunique hat mindestens sechsmal am Tag Sex.

Hustensaft Jüngling behauptet, sein erstes Mal mit sechs Jahren gehabt zu haben.

Loredana hatte ihr erstes Mal mit Mozzik.

Kianush hatte sein erstes Mal erst mit 18 Jahren.

Bonez MC hatte sein erstes Mal mit 14 Jahren.

Kontra K hatte sein erstes Mal mit 13 Jahren, erklärte aber, dass dies seiner Ansicht nach zu früh gewesen sei.

Lil Nas X hat sich auf seinem Song »C7osure« als homosexuell geoutet. Der Song wurde von den deutschen Produzenten X-Plosive und Abaz produziert.

Eunique ist bisexuell.

Mit Katja Krasavice und Badmomzjay erklärten zudem zwei weitere deutsche Rapperinnen, dass sie bisexuell sind, sich also sowohl zu Männern als auch zu Frauen hingezogen fühlen.

Die deutsche Pornodarstellerin FariBanx hat ihren Namen durch Farid Bang erhalten.

Bobby Swango, unter anderem bekannt durch ein Feature mit Money Boy, ist der erste deutsche Rapper, der einen eigenen Porno veröffentlicht hat. Das Musikvideo seines Songs »Sie ist verliebt« wurde auf Pornhub hochgeladen und hat dort 160 000 Aufrufe gesammelt.

Farid Bang hat auf Instagram einen Post von Ex-Bachelorette Gerda Lewis mit »Einmal Farid Bang, nie wieder mehr eng« kommentiert. Eine Rose hat er dafür nicht bekommen.

Das Frauenmagazin EMMA kürte Kollegah zum »Sexist Man Alive« wegen seines angeblichen Sexismus.

Bonez MC erklärte ehrlich, dass sein Penis ungefähr der durchschnittlichen Länge in Deutschland entspricht.

Maxwell hat versucht, zwei Polizisten bei einer Urinkontrolle zu täuschen. Der Rapper hatte einen falschen Penis in der Hose und durch diesen synthetischen Urin in den Messbecher gefüllt. Die Polizisten bemerkten den Schwindel nur, weil der falsche Urin im Messbecher zu kalt für echten Urin war.

Celo hat im Alter von fünf Jahren vor eine Pizzeria gekackt, weil er es nicht mehr nach Hause geschafft hat.

Kontra K hat für ein Musikvideo einen Bananenbaum mit blanken Fäusten kaputtgeboxt.

Im August 2018 gerieten die verfeindeten französischen Rapper Booba und Kaaris in Paris aneinander und prügelten aufeinander ein. Absolut zufällig hatten sie am selben Abend einen Auftritt in Barcelona und buchten denselben Flug mit der Airline EasyJet, weshalb sie sich am Flughafen begegneten.

DaBaby wurde in einem Louis-Vuitton-Store von einem Mann angegriffen. Dem Rapper passierte nichts, jedoch brach er seinem Angreifer die Nase.

Ein siebenjähriges Mädchen hat Bass Sultan Hengzt einmal versehentlich die Nase gebrochen.

Die kleinste deutsche Chart-Rapperin ist MEL aus Neuss. Eigenen Angaben nach ist sie 1,59 Meter groß.

PA Sports ist mit einer Körpergröße von 1,69 Meter der kleinste deutsche Rapper überhaupt.

Gzuz ist ein begnadeter Basketball-Spieler. In der Backspin-Dokumentation *20187* traf er den Korb ohne Schnitt dreimal hintereinander aus verschiedenen Positionen – mit dem Rücken zum Korb . Bei ihrem allerersten Treffen spielte er gegen Bonez MC um 10 Euro. Weil er den damals angehenden Basketball-Profi besiegen konnte, haben sie sich angefreundet.

Basketball-Legende Kobe Bryant stand zwischen 1999 und 2000 bei Sony unter Vertrag und wollte ein Gangsterrap-Album rausbringen. LL Cool J überzeugte ihn, dass die düsteren Texte seiner sportlichen Karriere und seinem Ansehen in der Öffentlichkeit schaden würden.

50 Cent ist Sponsor von Bellator, der zweitgrößten MMA-Liga hinter der UFC.

Das Training von Kontra K beeindruckt sogar MMA-Veteranen. Der Rapper postete eine Trainingsmontage, die der 15-malige UFC-Kämpfer Mike Swick kommentierte.

KC Rebell war in seiner Jugend im selben Fußballverein wie Mesut Özil. Der heutige Rap-Star war damals sogar Kapitän der Mannschaft, erhielt jedoch eine zweijährige Sperre, nachdem er bei einem Spiel den Schiedsrichter geschlagen hatte. Özil wechselte später von Rot-Weiß Essen zu Schalke 04, und die Wege trennten sich.

Mero hat wie viele andere Rapper einen Fußball-Hintergrund. Der Rüsselsheimer war bis kurz vor seinem Durchbruch als Jugendspieler beim SV Darmstadt 98 aktiv und peilte zeitweise eine Profikarriere als Spieler an.

Weniger ambitioniert in Sachen Fußball war Apache 207. Er war in der Bezirksliga, der siebthöchsten deutschen Spielklasse, aktiv und spielte im Sturm. Einige Spielberichte über ihn sind nach wie vor zu finden. So schreibt die Rheinpfalz: »Volkan Yaman war in der Spitze kein Weg zu weit, auch wenn er nicht immer effektiv agierte.«

Abdi hat sich auf seiner eigenen Releaseparty zum Album *Diaspora* einen Judoanzug angezogen und eine Schlägerei gestartet. Auf einem Tresen stehend verteilte er laut mehreren Augenzeugen Drehkicks.

Der US-Rapper Don Trag zettelte bei einem Festival eine Schlägerei mit DaBaby an. Anders als erwartet, prügelte sein Konkurrent ihn jedoch ins Koma und Don Trag musste mehrere Tage im Krankenhaus verbringen.

Kontra K hat am Berliner Halbmarathon 2018 teilgenommen, bei dem es im Zuge eines vereitelten Terroranschlags zu sechs Festnahmen kam.

Der in Frankfurt am Main geborene US-Rapper Slim 400 überlebte ein Attentat mit neun Schusswunden.

Schwesta Ewas Weg auf die schiefe Bahn begann bereits in ihrer Kindheit, in der sie viel Leid ertragen musste. Im Alter von nur sieben Jahren wurde Ewa vergewaltigt, vertraute sich jedoch aus Angst vor Konsequenzen niemandem an.

Bushido hat sich im Alter von elf Jahren an einer zerbrochenen Glasscheibe das rechte Handgelenk geschnitten und trägt bis heute eine Narbe. Diese wurde eine Zeit lang als Grundlage für eine Falschmeldung genutzt, wonach der Rapper einen Selbstmordversuch unternommen hätte. Bushido räumte die Gerüchte aus der Welt.

Mert leidet unter Arachnophobie, der Angst vor Spinnen. Auch andere Insekten und generell alles, was krabbelt, kann er nicht ausstehen.

LX hat einen Brief seines Nachbarn online gestellt. Dieser hat sich darüber beschwert, dass er zu oft und zu laut Sex hat. Gerüchten zufolge soll seine Freundin ein bekanntes Model sein.

Katja Krasavice wurde aus ihrer Wohnung in Leipzig geschmissen, weil sie zu laut Sex hatte.

Blueface behauptet, nach seinem Durchbruch in nur sechs Monaten mit 1000 Frauen Sex gehabt zu haben. Dies würde bedeuten, dass er täglich fünf bis sechs Frauen gehabt haben müsste.

Der größte Penis, den Katja Krasavice je gesehen hat, war ihren Angaben nach 24 Zentimeter lang. Sie habe wegen der enormen Größe extra nachgemessen.

Loredana ist absolute Tattoo-Fanatikerin und hat insgesamt 18 Tattoos am Körper. Das größte befindet sich auf ihrem linken Arm, wo sie sich einen Hirsch stechen ließ. Dieser ist nur auf wenigen Fotos von ihr zu sehen.

Völlig zufällig haben Bonez MC und Loredana das gleiche Tattoo an der gleichen Stelle. Beide haben sich die Jahreszahl »1985« auf das rechte Handgelenk tätowieren lassen. Bei Bonez MC steht es für sein Geburtsjahr, bei Loredana ist die wahre Bedeutung unbekannt. Eine Theorie besagt, dass sie es sich wegen ihrer Nähe zu den Hells Angels stechen ließ.

Bonez MC hat ein Tattoo mit dem Logo von Stay High, dem Label von Ufo361.

Mois-Signing Maestro hat ein Dragonball Z-Tattoo auf dem Hals.

Punch Arogunz ließ sich sein Tattoo vom Logo der Halunkenbande überstechen, nachdem er sich mit seinem ehemaligen Labelchef Baba Saad überworfen hatte.

Im Jahr 2017 hat Fler sich sein Tattoo mit dem Label von Aggro Berlin entfernt.

Der Körper von Gzuz ist mit Tattoos übersät. Auf seinem Rücken finden seine wichtigsten Lebensinhalte Platz: eine Rolex Daytona, sein CL 500 und die Zahlen 187.

Shirin David hat ihre Nase begradigen und verkürzen lassen, um auf Selfies besser auszusehen.

Nura hat Körbchengröße G.

Ein Fan hat vor einigen Jahren ein Foto mit Farid Bang gemacht und es ins Internet gestellt. Darauf waren ziemlich deutlich die Umrisse seines Gemächts zu erkennen, weshalb das Foto im Netz viral ging.

Im Jahr 2019 war ein Sextape von A$AP Rocky im Umlauf. Ein Tweet, der sich über den mangelnden »Einsatz« des Rappers lustig macht, erlangte über 100 000 Likes. Rocky nahm die Sache mit Humor und konnte mit seiner Antwort 400 000 Likes erzielen.

Ein Rentner erwischte Katja Krasavice während eines Shootings nackt im Wald. Er soll gesagt haben: »Das ist ja so wie damals ... schick, schick.«

3
Familienbanden

Das meistgelikte Bild von Gzuz ist ein Foto mit seiner Oma.

Kollegah und Haftbefehl spielen in ihrer Musik oft Machos, sind im wahren Leben aber echte Familienmenschen. Haftbefehl kam 2010 mit seiner heutigen Ehefrau zusammen und hielt die Beziehung über sieben Jahre in der Öffentlichkeit geheim. Kollegah ist ebenfalls seit 2010 mit seiner Frau zusammen.

Die meisten Rapper halten ihr Privatleben strikt unter Verschluss. Einige können das allerdings nur sehr schwer, da auch ihre Partner Prominente sind. So ist Casper mit dem Topmodel Lisa Volz verheiratet.

Will Smith und seine Frau Jada sind seit über zwanzig Jahren ein Paar. Davor war Jada mit Tupac Shakur zusammen. Will Smith war eigener Aussage nach neidisch auf den Rapper.

Laut Kool Savas ist es für eine langfristige Beziehung wichtiger, ob man mit den schlechten Seiten seines Partners leben kann, als dass einem die guten Seiten des Partners gefallen.

MoTrip und seine Freundin führen eine Beziehung wie aus einem Liebesfilm. Die beiden lernten sich in der 6. Klasse kennen und hatten denselben Schulweg. Seitdem sind sie, mittlerweile seit 20 Jahren, ein Paar, haben zwei gemeinsame Kinder und gaben sich im Jahr 2020 das Ja-Wort.

Bonez MC war schon immer Beziehungsmensch. Zwischen dem 16. und 24. Lebensjahr war er acht Jahre lang mit derselben Frau zusammen. Auch mit der Mutter seiner Tochter war er in einer Langzeitbeziehung.

Samra war bis zu seinem Durchbruch in einer festen Beziehung. Da seine Freundin seiner Aussage nach aber nicht mit seinem Fame klargekommen ist, hat er sich von ihr getrennt.

Manuellsen hat auf dem Outro-Song seines Albums *MB4* ein Feature mit seiner Ehefrau Nadja.

Sido war bekanntlich mit der Moderatorin Charlotte Würdig, ehem. Engelhardt, liiert. Im Frühjahr 2020 gaben sie nach acht Jahren Beziehung ihre Trennung bekannt.

Seit einigen Jahren kursieren Gerüchte darüber, dass der österreichische Rapper Yung Hurn mit der bekannten Moderatorin Palina Rojinski zusammen sein soll.

Die YouTuberin Dagi Bee lernte ihren späteren Ehemann Eugen beim Videodreh zu »Bist du real« von KC Rebell kennen. Eugen arbeitet mit Banger Musik bei der Produktion von Musikvideos zusammen.

Loredana ist gut drei Jahre mit dem albanischen Rapper Mozzik verheiratet gewesen. 2019 wurde die Ehe geschieden. Kennengelernt hatten die beiden sich über Instagram.

Bonez MC führt derzeit eine Beziehung mit drei Frauen gleichzeitig. Sie verstehen sich untereinander gut und er ist ihnen treu.

Eminem erhielt 2003 einen Oscar in der Kategorie »Best Original Song« für den Track »Lose Yourself« aus dem Soundtrack des Film-Klassikers *8 Mile*. Er erschien jedoch nicht auf der Veranstaltung, weil er lieber bei seiner Tochter bleiben wollte. 2020 trat er als Gast bei den Oscars auf und erhielt seinen Preis 17 Jahre später dann doch noch.

Bushido plauderte in einem Interview im Oktober 2017 aus, dass Shindy eine feste Freundin hat.

Shindy ist seit 2015 Vater eines Sohnes. Erst Ende 2019 machte er dies bekannt.

Ende 2018 kam Loredanas Tochter Hana zu Welt. Im gesamten Jahr davor war die Rapperin also unbemerkt schwanger, während sie ihren großen Durchbruch feierte. Trotz Millionen von Klicks merkten die Fans nichts.

A(a)liyah ist der Lieblingsname der Rapper. Bushido, Haftbefehl und Schwesta Ewa haben jeweils eine Tochter mit diesem Vornamen.

Capital Bra ist Vater zweier Söhne.

Die Tochter von 187-Chef Bonez MC wurde am 18.7. geboren.

Falk Schacht verriet in seinem Podcast, dass einer der beiden *JBG*-Rapper ein Kind haben soll. Er verriet aber nicht, wer von ihnen.

Schwesta Ewa gebar ihre Tochter Aaliyah schon in der 34. Schwangerschaftswoche.

Hana, die Tochter von Loredana und ihrem Ex-Mann Mozzik, ist nach dem albanischen Wort für »Mond« benannt und eines der berühmtesten Babys auf Instagram. Im Alter von einem Jahr hat Hana bereits 344 000 Follower. Das Baby von Prince Harry und Meghan hat dagegen nur 114 000 Fans.

Mero hat Loredanas Tochter Hana eine Königskette geschenkt.

Gringo hat Loredanas Tochter Hana zum ersten Geburtstag ein Goldarmband mit ihrem Namen geschenkt.

In seinem Song »Hasso« thematisiert KC Rebell die Geburt seines Sohnes und den Tod seines Vaters. Am Ende des Songs ist zu hören, wie KC Rebell in Tränen ausbricht, als er in der letzten Zeile das Wort »Grab« aussprechen will.

Mert hat bei seinem ersten Auftritt auf der Bühne geweint, als er über seinen Vater gerappt hat.

Der Vater von Drake veröffentlichte einen eigenen Rap-Song mit dem Titel »Kinda Crazy«.

Im Song »Life goes on« von Eko Fresh ist sein Vater als Feature-Gast zu hören.

Kool Savas wollte seinem Vater zum 60. Geburtstag eine Rolex schenken. Da dieser jedoch kommunistische Ideale vertritt und sehr bescheiden lebt, lehnte er zunächst vehement ab. Savas konnte ihn dennoch überreden, indem er sagte, dass Fidel Castro ebenfalls eine Rolex besessen habe.

Animus erklärte, dass der Song »An die Wand« die für ihn stärksten Zeilen von Farid Bang enthalte. Auf dem Song rappt der Banger neben anderen tiefgründigen Zeilen: *»Es tut mir leid, wenn du kein Vater hast / doch noch mehr tust du mir leid, wenn du dein Vater hasst.«*

»Hinterher (Für Mama)« ist das am besten bewertete Video auf dem Kanal der 187 Strassenbande. In dem Song rappt Gzuz über den Verlust seiner Mutter. Darin enthalten ist unter anderem seine legendäre Zeile: *»Die Liebe in der Bolognese kannst du nicht mit Cash bezahlen.«*

Trotz der Trennung von dessen Label und dem darauffolgenden Beef rief Kay One bei Bushido an und bekundete sein Mitgefühl, als dessen Mutter verstorben ist.

Kanye West kündigte ein Album namens *Love Everyone* an, das nie erschienen ist. Auf dem Cover sollte der Mörder seiner Mutter zu sehen sein. Seine Mutter verstarb einen Tag nach einer Behandlung bei einem Schönheits-Chirurgen, da er gravierende Fehler bei der OP machte. Kanye wollte damit zeigen, dass er ihm vergeben hat.

Jigzaws Mutter spricht wegen seines Sexvideo-Skandals nicht mehr mit ihm.

Die Mutter von Olexesh hat ihm mit acht Jahren verboten, Raptexte zu schreiben und sie weggeworfen, wenn sie die Textblätter fand.

PA Sports bekam Ärger von seiner Mutter, weil er seinen Kontostand von damals 1,2 Millionen Euro gepostet hat.

Du Maroc hat als Kind Pfand gesammelt, um seine Mutter finanziell zu unterstützen.

OG Keemo hat nur einen Tag nach der Beerdigung seiner Mutter seinen Künstlervertrag bei Chimperator unterschrieben.

Bonez MCs Onkel ist einer der Gitarristen der englischen Punkrock-Band The Stranglers.

Sillas Eltern arbeiten beide beim Geheimdienst. Sein Vater ist beim Verfassungsschutz, dem Inlandsgeheimdienst, tätig, während seine Mutter beim Auslandsnachrichtendienst BND arbeitet.

2004 kam es auf dem Festival MTV HipHop Open zu einer Schlägerei zwischen Azad und Sido. Der Berliner hatte zuvor die Mutter des Frankfurters beleidigt.

RAF Camora wuchs als Sohn eines Österreichers und einer Italienerin im schweizerischen Vevey am Genfer See auf. Seine Muttersprache ist Französisch.

Zuna kam erst im Alter von 15 Jahren nach Deutschland. Vier Jahre später kamen seine ersten Songs online, auf denen er bereits erste Gesangspassagen einbaute.

Über die Privatperson hinter AK Ausserkontrolle ist nicht viel bekannt, da er seine Identität unter anderem durch seine Maske schützt. Allerdings veröffentlichte er selbst seinen Aufenthaltstitel, wodurch bekannt ist, dass er im echten Leben Davud Altuntal heißt. Seine Eltern sind Kurden und kamen aus dem Libanon nach Deutschland.

Bonez MC gilt als Hamburger Urgestein. Und während er wirklich in Hamburg geboren ist, verbrachte er einen Großteil seiner Jugend in der Stadt Wissembourg im nordöstlichen Frankreich. Der Ort grenzt an Deutschland an und gilt als eine der idyllischsten Städte überhaupt.

Viele wissen nicht, dass 187-Rapper Gzuz nur zur Hälfte Deutscher ist. Sein Vater stammt aus Österreich und kam in den 1980er-Jahren nach Hamburg.

Capital Bra ist im tiefsten Sibirien auf die Welt gekommen. Seine Eltern waren als Öl-Arbeiter tätig. Sein Vater diente seinen Angaben nach im Krieg.

Rapper und Sänger Akon wuchs im Senegal in Armut auf, bevor seine Eltern mit ihm in die USA zogen. 2014 kam er zurück und installierte in vierzehn afrikanischen Ländern Solarkraftanlagen mit genug Elektrizität für eine Million Haushalte. Sein Hilfsprojekt bietet zudem rund 5000 Menschen einen Arbeitsplatz.

Afrob ist in der italienischen Inselstadt Venedig auf die Welt gekommen.

Casper kam als Sohn eines Amerikaners und einer Deutschen in Deutschland zu Welt, seine Eltern zogen, als er einen Monat alt war, jedoch nach Georgia in den USA, wo er bis zu seinem elften Lebensjahr lebte. Mit elf kam er wieder nach Deutschland zurück, nach NRW. Um Deutsch zu lernen, hat er angefangen, Raptexte zu schreiben.

Samra und Jalil kennen sich bereits, seitdem sie Kleinkinder waren, und sind in derselben Siedlung aufgewachsen. Erst im Mai 2020 haben sie ihren ersten gemeinsamen Song rausgebracht.

Sängerin Namika und Abdi sind in derselben Gegend aufgewachsen und waren als Kinder befreundet.

Bonez MC und Gzuz lernten sich auf dem Sportplatz kennen. In ihrem ersten Spiel gegeneinander konnte Gzuz gewinnen.

Shneezin von den 257ers ist auf dieselbe Schule gegangen wie Favorite.

Jay-Z besuchte dieselbe Schule wie Busta Rhymes. Manchmal trafen sie sich in der Cafeteria der Schule und machten Rap-Battles gegeneinander. DMX und Notorious B.I.G. besuchten diese Schule übrigens ebenfalls zur selben Zeit.

Moderator Klaas Heufer-Umlauf hat früher in einer WG mit Mc Rene gewohnt.

Blueface hasst seine eigene Mutter und hat sie zusammen mit seiner Schwester aus seinem Haus geschmissen.

18 Karat lebt in Dortmund, seine Lieblingsstadt ist nach seiner eigenen Aussage aber Amsterdam, wo er während einer zweijährigen Flucht lebte und bis heute eine Wohnung besitzt.

Loredana lebt in der Schweiz und hat eine Villa in ihrer Wahl-Heimat Luzern, besitzt allerdings nur die kosovarische Staatsangehörigkeit. Ein Einbürgerungsantrag wurde 2013 ohne Angaben von Gründen von den Schweizer Behörden abgelehnt.

Bonez MC war bis zu dessen Wechsel zu Paris Saint-Germain der Nachbar des Fußballers Choupo-Moting.

Kevin-Prince und Jerome Boateng sind als Fußballstars weltweit bekannt. Ihr ältester Bruder ist hingegen kein Fußballer, sondern unter dem Namen BTNG als Rapper in Berlin aktiv. Sein erstes Soloalbum *Gewachsen auf Beton* platzierte sich in den Albumcharts.

KC Rebell ist der Cousin des Boxers Agit Kabayel. Dieser wurde einmal zu einem Sparringskampf mit dem damals amtierenden Box-Weltmeister Anthony Joshua eingeladen, wo er ihn nach Angaben von Joshuas eigenem Promoter und Manager k. o. geschlagen hat.

Im Video »Halt die Fresse 03 Nr. 78« von Haftbefehl ist auch dessen kleiner Bruder Capo zu sehen. Der damals 19-Jährige hält einen Baseballschläger in der Hand, mit dem er sich am Ende des Videos selbst im Gesicht trifft.

Die Älteren erinnern sich vielleicht an ein YouTube-Video, in dem ein junger Mann mit aggressivem Ton versucht, an einem Türsteher vorbeizukommen. Der Türsteher gibt sich als Kickbox-Weltmeister Michael Kuhr zu erkennen. Er erklärt, den älteren Bruder seines Gegenübers zu kennen. Er könne diesen anrufen, falls er sich nicht benehme. Der junge Mann gibt sofort klein bei. Er ist sichtlich eingeschüchtert von dem Gedanken, dass sein älterer Bruder von der Situation erfährt. Was viele bei dem Ausschnitt aus einer ZDF-Doku nicht wissen: Der Begleiter des aggressiven Jugendlichen ist Rapper Nate57.

Money Boy ist älter, als die meisten denken. Er startete seine Rap-Karriere erst mit 29 Jahren und feierte 2020 seinen 39. Geburtstag.

Das genaue Alter von Mega-Star RIN ist bis heute unbekannt. Er soll Ende zwanzig sein.

Apache 207 hat seinen 22. Geburtstag in der »Babos«-Lounge, einer Shisha-Bar des Rappers Haftbefehl, gefeiert.

Die Angaben zum Alter von Samra schwanken oft, laut einigen Quellen ist er 1994 und laut anderen 1997 geboren. Sein echtes Geburtsdatum ist der 15. Januar 1995. Sein bürgerlicher Name ist auch nicht Samra, sondern Hussein.

RIN heißt mit bürgerlichem Namen Renato Simunovic und ist bosnischer Abstammung.

Mozzik heißt mit bürgerlichem Namen Gramoz Aliu.

Bonez MC wird von vielen als »Onkel Bonez« bezeichnet. Tatsächlich ist er der Onkel eines bekannten Rappers. Der Newcomer Joey Bargeld ist der Sohn seiner älteren Schwester.

Die ehemaligen Generation Azzlack-Rapper Enemy und Diar sind Cousins.

Bushido ist der Schwager der Sängerin Sarah Connor. Sarah Connor spricht in der Öffentlichkeit aber nicht über ihren Schwager – bis auf ein einziges Mal. Als sie in der Sendung *LUKE!* darauf angesprochen wurde, dass ihr Song »Vincent« von vielen Radiosendern boykottiert werde, antwortete sie mit Verweis auf Bushido: »Fragt sich, wer der Gangster in der Familie ist.«

Der ehemalige *DSDS*-Finalist Menowin Fröhlich ist ein Cousin dritten Grades von Sido.

Summer Cem ist der Cousin des Hannoveraner Rappers Anonym.

Trotz anderslautender Gerüchte ist der Berliner Rapper Ufo361 nicht der Cousin von Mert.

Und trotz anderslautender Gerüchte ist Gringo auch nicht der Onkel von Lil Shrimp.

Der Onkel von Capital Bra besitzt ein Bordell, in dem der Rapper vor seiner Karriere manchmal als Aufpasser gearbeitet hat.

Der Großvater von M.O.030 kommt eigentlich aus Mexiko, wanderte in die USA aus und wurde nach dem Krieg in Deutschland stationiert. Dadurch lebt ein Teil seiner Familie bis heute in Kalifornien.

Summer Cem und Bonez MC trafen sich zufällig auf derselben Party in Las Vegas.

Die Rapper Vega und die 187 Strassenbande haben musikalisch noch nie etwas zusammen gemacht, sind privat aber sehr gute Freunde. Mit Gzuz und Maxwell ist der Frankfurter fast jedes Jahr auf dem Oktoberfest.

Farid Bang und Sentino sind seit Jahren gute Freunde, ohne dass die Öffentlichkeit davon erfuhr. Der Düsseldorfer würde Sentino jedoch nie unter Vertrag nehmen, da er zu unzuverlässig ist.

RAF Camora wollte seine Karriere bereits 2016 nach seinem Album »Ghost« beenden. Nur weil er Bonez MC kennengelernt hat, hat er weitergemacht.

Für die Produktion von *JBG1* haben Kollegah und Farid Bang in einer WG gewohnt.

Kay One ist privat mit der ehemaligen Bachelorette Jessica Paszka befreundet und kannte sie bereits vor ihrem ersten TV-Auftritt.

Mortel verzichtete auf ein Feature mit Bonez MC, da seine Frau zu der Zeit schwanger war und er Geld für sein kommendes Kind verdienen musste.

MoTrip und Ali As drehten 2018 ein Musikvideo zu ihrem Song »Ja«, in dem es um eine spontane, unüberlegte Hochzeit geht. Die Hauptdarstellerin des Videos wurde Monate später die echte Ehefrau von Ali As.

Juju war früher mit K.I.Z-Rapper Tarek zusammen.

Sido war insgesamt dreimal mit drei verschiedenen Frauen verlobt.

Fler hat sich mit einem Kamerateam von RTL geprügelt, weil dieses ihn konfrontierte, als er gerade mit seiner Verlobten shoppen war. Nachdem er dem Kameramann eine Platzwunde verpasst hatte, nahm er die Kamera mit, um die Aufnahmen zu löschen und wurde anschließend wegen Diebstahls angezeigt.

Loredana und Zuna zeigten sich erstmals bei der TV-Gala der Swiss Music Awards gemeinsam in der Öffentlichkeit.

Nimo war zeitweise mit der albanischen Sängerin Enca zusammen und lernte für sie sogar Albanisch. Sie wollte wiederum Deutsch lernen. Inzwischen hat Nimo allerdings eine neue Frau gefunden.

Schwesta Ewa wurde während ihrer Zeit im Knast von ihrem Ex-Freund betrogen.

Mit 35 Jahren kam Nicki Minaj wieder mit ihrem Jugendfreund zusammen, mit dem sie mit 17 Jahren schon einmal zusammen war. In der Zwischenzeit ist er jedoch zum verurteilten Sexualstraftäter und Mörder geworden. Trotzdem hat Nicki ihn geheiratet und erwartet ein Kind von dem 40-Jährigen.

1994 führten Tupac und Madonna insgeheim eine Beziehung. 25 Jahre später tauchte ein Brief auf, den Tupac der Pop-Ikone aus dem Knast geschrieben hatte.

Maxwell war zeitweise mit dem venezolanischen Model Fabiana zusammen. Sie wurde unter anderem zur »Miss Progress Venezuela« gekürt.

Sun Diego ist mit Mitgliedern des Al-Zein-Clans, des Miri-Clans und des Saado-Clans befreundet.

Der ehemalige Labelmanager von Alles oder Nix-Records und Jugendfreund von Xatar ist heute der Labelchef von AEIOU, wo Yung Kafa und Kucük Efendi unter Vertrag stehen.

Juju und Nura waren als Duo unter dem Namen SXTN megaerfolgreich. Privat haben sie sich irgendwann jedoch zerstritten. Das letzte halbe Jahr trafen sie sich nur noch für Konzerte, sprachen aber nicht mehr miteinander.

RAF Camora und KC Rebell sind bereits seit 2007 befreundet und haben sich am rechten Oberschenkel das gleiche Tattoo stechen lassen.

Als die beiden noch Streit miteinander hatten, nannte Kollegah einen seiner beiden Dobermann-Rüden nach dem Rapper Fler.

Bonez MC wollte seinen Hund zum Spaß Kollegah nennen.

Im Jahr 2018 verstarb Booba, der Hund der 187 Strassenbande. Er hatte die Rap-Crew für mehrere Jahre begleitet und in etlichen Songtexten Erwähnung gefunden.

Einige Monate nach dem Tod ihres 187-Strassenbande-Hundes Booba fanden LX und Bonez MC einen Pitbull alleingelassen und festgebunden hinter einer Mülltonne an einer Autobahnraststätte. Da kein Besitzer ausfindig gemacht werden konnte, nahmen sie das Tier kurzerhand mit und gaben ihm ein neues Zuhause bei Bonez MC. Sie nannten ihn Skittlez, nach einer Süßigkeitenpackung, die an der Raststatte neben ihm am Boden lag. Heutzutage ist Skittlez nicht nur fester Bestandteil der 187 Strassenbande, sondern mit über 300 000 Followern auch einer der bekanntesten Hunde Deutschlands.

Dieter Bohlen wollte seinen Hund Kollegah nennen.

Eko Fresh hat einen Song für seinen verstorbenen Hund Butkus geschrieben. Dieser war von 2005 bis 2017 an der Seite des Rappers.

Mozzik hat einen jüngeren Bruder, der ebenfalls erfolgreich rappt und sich Getinjo nennt. Auch Getinjo stand bei dem Musiklabel OnRecords unter Vertrag.

Loredana ist das jüngste Kind ihrer Familie und hat neun ältere Geschwister. Ihre Eltern kamen aus dem Kosovo in die Schweiz, wo sie in Luzern zur Welt gekommen ist.

Farid Bang ist bekanntlich marokkanischer Abstammung, wurde allerdings weder in Deutschland noch in Marokko geboren. Der Banger kam in der spanischen Enklave Melilla zur Welt und wuchs dort bis zu seinem achten Lebensjahr auf. Durch die Kindheit in Spanien spricht er neben Deutsch, Englisch, Italienisch und Berberisch auch fließend Spanisch.

Die Ehefrau von Bushido meinte, dass sich Kay One von allen Rapkollegen ihres Mannes am besten benommen habe, als er bei ihnen zu Gast gewesen sei.

Der letzte Wunsch von KC Rebells Vater vor dem Tod war es, dass der Rapper ein Haus in seinem Heimatdorf baut, damit die Familie immer mit diesem Ort verwurzelt bleibt.

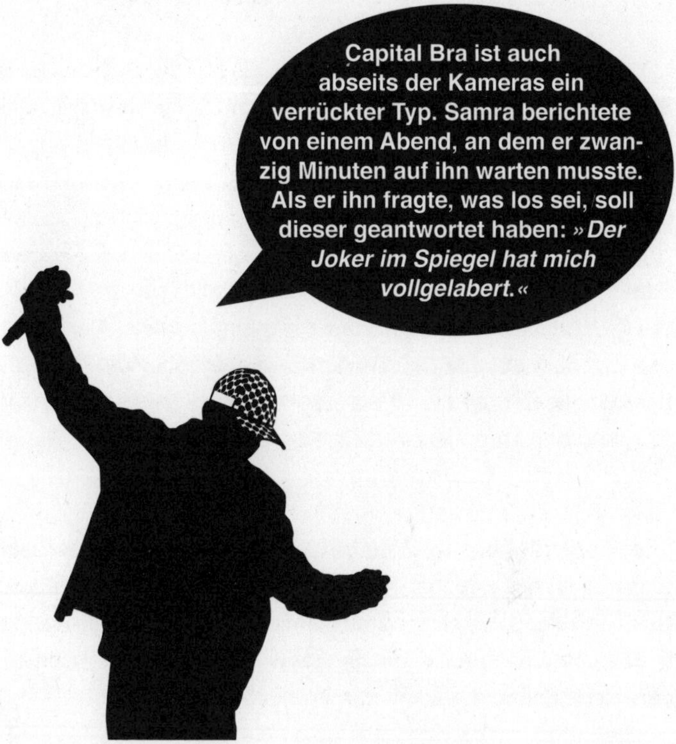

4 Schwanzvergleich

2008 prophezeite Farid Bang in seinem Song »Ich geh auf 4«, dass er irgendwann auf Platz 4 der Singlecharts einsteigen würde. 11 Jahre später hat er das mit der Single »#niemalsantäuschen« geschafft.

Samra sicherte sich mit seinem Song »Cataleya« zum ersten Mal ganz alleine den ersten Platz der Singlecharts. Der Track des Berliners machte den Namen Cataleya zudem so populär, dass er eine Zeit lang auf Platz 2 der meistgewählten Namen für neugeborene Mädchen war. Bis heute befindet sich der Name in den Top 50 in Deutschland.

Ende April 2017 gab Bushido bekannt, M.O.030 bei seiner Plattenfirma Ersguterjunge unter Vertrag genommen zu haben. Nach gerade mal drei Monaten war Schluss und MO.030 musste das Label nach nur einer Single wieder verlassen. Das war der kürzeste EGJ-Deal seit der Gründung im Jahr 2004.

AK Ausserkontrolle ist bereits seit den frühen 2000ern als Rapper aktiv. Zu Beginn war er unter dem Künstlernamen »DramaKing« unterwegs. Der Name »AK Ausserkontrolle« fungierte zu dem Zeitpunkt noch als Crew-Bezeichnung verschiedener Rapper.

Eko Fresh suchte vor seinem Durchbruch den Kontakt zu Kool Savas, um an einen Plattenvertrag zu gelangen. Er sparte 800 Mark zusammen und buchte den Berliner damit für seinen 16. Geburtstag, wo er ihm vorrappte und so dessen Aufmerksamkeit erhielt.

Ufo361 wurde 2014 als neues Signing bei Azzlackz gehandelt und wurde gleichzeitig auch bei Südberlin Maskulin als Künstler angeboten.

Kollegah erhielt seinen ersten Plattenvertrag bei dem Independent-Label Selfmade Records, nachdem er dem Label-Gründer im Jahr 2005 eine Mail mit dem Inhalt »Sign mich oder f*ck dich« gesendet hatte. Dem Gründer des Labels gefiel die Mail, weil sie kurz und bündig war.

Farid Bang ist heute Betreiber und Gründer von Banger Musik, einem der erfolgreichsten Labels in Deutschland. Bei dem Label stehen verschiedene Künstler unter Vertrag, darunter Summer Cem. Kurioserweise wurde Farid Bang im Jahr 2005 von Summer Cem als Rapper entdeckt. Zehn Jahre später unterschrieb Summer Cem dann bei Farid Bang.

»Gotham City« von RAF Camora und »Club MY« von Miami Yacine haben dasselbe Sample, das exakt auf dieselbe Weise geschnitten wurde, weshalb die Beats fast identisch klingen.

»KMN-Member« ist der einzige Song, auf dem mit Azet, Zuna, Nash und Miami Yacine alle KMN-Rapper gleichzeitig vertreten sind.

Albanische Medien wie InTV verbreiteten nach Loredanas Trennung von Mozzik das Gerücht, dass Loredana mit ihrem Produzenten Macloud zusammen sei.

Ufo361 kündigte für sein Album *Wave* ein Feature mit Capital Bra an, das am Ende nicht auf dem Album war und nie erschienen ist.

Labelchef von RIN ist Elvir Omerbegovic, der als Gründer von Selfmade Records bereits Kollegah, Genetikk und Casper entdeckte und groß machte.

Ausgetrickst: KC Rebell akzeptierte 2011 eine Feature-Anfrage von Money Boy. Anstatt ihm jedoch seinen Part zu schicken, forderte er zuerst den Part von Money Boy ein. Gesagt, getan – womit Money Boy aber nicht gerechnet hatte: dass KC Rebell ihn auf der Aufnahme disst und den Song ohne Rücksprache online stellt.

Der deutsche Rapper Young Crhyme brachte zusammen mit Mopreme Shakur, dem Bruder von Tupac, im Jahr 2015 den Song »I miss your Brother« raus.

Farid Bang verriet bei einem Konzert, dass Kollegah sein Album *King* in weniger als einer Woche geschrieben habe. Kollegah erzählte später, dass er das Album zusätzlich dazu an nur zwei Tagen am Stück aufgenommen habe, damit sich seine Stimme und Performance nicht verändere.

Ufo361 war vor seiner Rap-Karriere Graffiti-Sprüher und Mitglied der »THC Crew«. Bis 2014 stand er außerdem als Rapper beim Untergrund-Label Hoodrich unter Vertrag und hat bis heute Streit mit seinen früheren Kollegen aus dem Label.

Shirin David war auf der Original-Version von Shindys Single »Affalterbach« als Feature-Gast vertreten. Da sie sich wegen des Video-Konzepts nicht einig wurden, verlangte sie jedoch, ihren Part zu ersetzen. Shindy veröffentlichte den Song dennoch, musste ihn wenige Tage später aber wieder offline nehmen.

Capital Bra sagte 2018 eigentlich per Handschlag zu, dass er bei Farid Bangs Plattenfirma Banger Musik unterschreiben würde. Stattdessen ging er jedoch zu Bushido und seinem Label Ersguterjunge.

Seit 2010 kommt Money Boy auf insgesamt 51 Mixtapes und Alben mit je 15 bis 35 Songs. Seine Diskographie umfasst an die 1000 Songs.

Eigentlich war bereits ein Song als Soundtrack für den Film *8 Mile* ausgewählt. Eminem überzeugte jedoch die Produzenten, »Lose Yourself« zu nehmen. Der Song wurde später mit dem Oscar als bester Film-Soundtrack ausgezeichnet.

Das Video zu »Ein Junge weint hier nicht« aus dem Jahre 2006 ist einer der ersten Hits von Kollegah. Auf der Album-Version rappt er einen dritten Part, der eigentlich von seinem Feature-Partner Slick One geschrieben wurde. Kollegah hatte den Beat zwar gut gefunden, dann aber keine Lust mehr gehabt, weiter über das Thema zu schreiben, weshalb Slick One ihm seine Lyrics letztlich überließ.

RAF Camora nahm den damals 15-jährigen Sierra Kidd bei sich unter Vertrag, nachdem er einen seiner Songs im Schlafzimmer hatte laufen lassen, während er gerade Damenbesuch hatte. Aufgrund der positiven Reaktion der Frau bot er Sierra einen Vertrag an.

Data Luv kam an seinen Vertrag bei Ufo361 durch eine Nachricht auf Instagram.

Die Gruppe Genetikk hat ihr erstes Album *Foetus* bei befreundeten Rappern in Frankreich aufgenommen.

Nach seinem Tod wurden mehr Songs von Tupac veröffentlicht als zu seinen Lebzeiten. Es sollen noch über 200 unveröffentlichte Tracks von ihm existieren.

Der Song »Creed« von Farid Bang ist der offizielle deutsche Soundtrack zum Kinostart des gleichnamigen Films aus der *Rocky*-Reihe.

Nach Angaben der BILD hat Arafat Abou-Chaker versucht, Capital Bra bei seinem Label S44 zu signen.

Miami Yacine bekam nach Angaben des Miri-Clans einen Vertrag von Banger Musik angeboten. Trotz eines in Aussicht gestellten Vorschusses von 200 000 Euro soll er diesen abgelehnt haben.

Vor der Produktion des Albums *CCN3* suchte Bushido nach einem geeigneten Partner für das Projekt, das als Kollabo-Album geplant war. Nachdem Farid Bang und Haftbefehl abgesagt hatten, entschied er sich dafür, das Album alleine aufzunehmen.

Bonez MC und RAF Camora haben eine Cover-Version des französischen Hits »Alors on danse« namens »Beste Leben« gemacht. Stromae verbot es ihnen jedoch, den Song zu releasen, weshalb die beiden den Track selbst leakten, damit ihre Fans ihn dennoch hören konnten.

Das Album *Obststand 2* von LX und Maxwell wurde Monate vor dem geplanten Release in einer frühen Version geleakt. Die beiden entschieden sich daraufhin, die Songs zu einer *Leak-EP* zusammenzustellen und das Album unter strengen Sicherheitsbedingungen neu zu schreiben.

Capital Bra hat sein Album *CB6* zwei Wochen früher veröffentlicht als ursprünglich geplant, da die gesamte Platte geleakt worden war.

Alpa Gun ist Gründungsmitglied von AK Ausserkontrolle. Als er sich von der Crew trennte, löste sie sich auf, wurde Jahre später aber unter anderem vom Rapper DramaKing wiederbelebt, der den Crewnamen schlussendlich zu seinem Künstlernamen AK Ausserkontrolle machte.

Zwischen Bonez MCs Debütalbum *Krampfhaft kriminell* und seinem zweiten Album *Hollywood* liegen sieben Jahre und neun Monate. Sein erstes Album gefällt ihm mittlerweile nicht mehr.

Der *Sampler 4* der 187 Strassenbande wurde im Jahr 2017 nicht wie gewöhnlich an einem Freitag, sondern an einem Dienstag veröffentlicht, um den 18.7. als Veröffentlichungsdatum zu haben.

RAF Camora ist der Manager von Bonez MC. Der wiederum ist der Manager der anderen Rapper bei der 187 Strassenbande.

Der berühmte Sänger Adel Tawil leakte während eines Interviews die Information, dass KC Rebell und Summer Cem ein Kollabo-Album aufnehmen. Zu dem Zeitpunkt wusste die Öffentlichkeit noch nichts von ihrem gemeinsamen Album *Maximum*.

Der Fußballstar Karim Benzema kommentierte Zunas Ankündigung auf Instagram, einen Song namens »Benzema« zu veröffentlichen, mit drei Feuer-Emojis.

Kollegah und Bushido nahmen 2009 einen Feature-Song auf, der eigentlich auf das Album des Berliners sollte. Der Track wurde jedoch nicht veröffentlicht, weil Fler – damals noch mit Bushido befreundet – Streit mit Kollegah hatte.

Kollegah erklärte 2009, nie wieder Features mit den Rappern BOZ und Chissmann zu machen, nachdem diese ihre versprochenen Parts für sein Album *Zuhältertape Volume 3* nicht abgegeben hatten und sich nicht mehr meldeten. Weil 18 Titel auf dem Album angekündigt worden waren, hatte sich Kollegah dazu entschlossen, die nicht fertiggestellten Songs durch zwei neue Stücke ersetzen.

Die Single »Gehen wir rein« von Bushido war eigentlich ein Solo-Song von M.O.030. Nachdem Bekannte ihm den Song vorgespielt hatten, wollte er unbedingt einen Part darauf schreiben und den Track auf sein Album nehmen.

Der Berliner Rapper Taktloss, der früher zusammen mit Kool Savas die Crew Westberlin Maskulin bildete, kündigte auf einem Song aus dem Jahr 2000 ein Album für Ostern 2017 an. Das Album erschien tatsächlich unter dem Namen *wie prophezeit*.

Capital Bra fing mit 11 Jahren an, eigene Texte zu schreiben. Unter dem Namen Smia One findet man noch heute uralte Songs des heutigen Superstars.

Der Song »Rockstar« machte Post Malone weltweit berühmt. Dabei wurde der Song eigentlich von T-Pain geschrieben, aufgenommen und produziert. Der glaubte aber nicht an den Track und schenkte seine Song-Idee Post Malone.

Die 187 Strassenbande besteht heutzutage aus den Rappern Bonez MC, Gzuz, LX, Sa4 und Maxwell. Im Laufe der Zeit kamen und gingen jedoch auch einige Rapper. So waren auch Hasuna, AchtVier und Mosh36 Mitglieder der Crew. Die beiden letzteren sind bis heute aktiv und landen regelmäßig in den Charts.

Mert lehnte zu Beginn seiner Karriere ein 30 000 Euro-Angebot von Universal ab und bezeichnete dies als »lächerlich«. 2019 unterschrieb er einen Deal bei Warner über 1,5 Millionen Euro.

Pascal Kerouche, der Fotograf der 187 Strassenbande und einer der besten Freunde von Bonez MC, lehnte bereits zwei Anfragen von 6ix9ine ab.

Die Netflix-Serie *Blood and Water* benutzt für ihren Soundtrack dasselbe Sample wie Gzuz in »Was hat es gebracht« und Jigzaw in »Jailbreak«. Fans der Rapper bezichtigten die Produzenten, die Idee von einem der beiden kopiert zu haben.

Sowohl Farid Bang als auch Bonez MC halten »Komm Komm« für den besten Song von Capital Bra.

Bushido hat mit »Black Friday« 18 Jahre nach seinem ersten Release zum ersten Mal überhaupt ein Album verschoben.

Samra hat zwischen April 2019 und April 2020 neben zwei Alben insgesamt 21 Feature-Songs aufgenommen.

Zwischen den Alben *Der Wolf im Schafspelz* und *Der erste tighte Wei$$e* von DCVDNS lagen insgesamt 1372 Tage. Trotz der knapp 4-jährigen Releasepause stieg sein drittes Soloalbum auf Platz 5 der Charts ein, was sein bis dato höchster Einstieg überhaupt war.

Der Beat zum Track »Düsseldorfer« auf *JBG3* gehörte eigentlich Al-Gear. Farid Bang bekam ihn, weil er einen Feature-Part machen sollte. Stattdessen hörte Al-Gear dann später seinen eigenen Beat auf Farid Bangs Album.

Am Ende von Kollegahs Song »Money Stacks« singt Asche einen Part, der sich an der Melodie von Apaches Song »200 km/h« orientiert.

Laas Unltd. und AK Ausserkontrolle standen jeweils rund ein Jahr bei Ersguterjunge unter Vertrag und verließen das Label, ohne dort einen einzigen Song veröffentlicht zu haben.

Für seinen Hit »Millionär« bediente sich Bonez MC an der Melodie aus »Zombie« von den Cranberries. Die Band erlaubte ihm die Verwendung der Melodie gegen eine Gewinnbeteiligung von 70 Prozent an den GEMA-Einnahmen.

Das Studio des Leipziger Produzenten Peer Hahnfeld, der schon für SSIO, Xatar, Richter, Kalim und viele weitere gearbeitet hat, wurde einmal von Verbrechern komplett ausgeräumt. Dabei wurde Equipment für über 50 000 Euro entwendet.

Für den Remix seines Songs »Alright« hat sich Migos-Mitglied Quavo an der Melodie von Bausas »Was du Liebe nennst« bedient.

Der italienische Platinrapper Ghali hat sich für seine Single »Lacrime« von Miami Yacines »Kokaina« inspirieren lassen und sogar Teile des Songs und des Musikvideos kopiert.

Die Melodie von Nimos Megahit »Heute mit mir« stammt eigentlich von Reezy. Der Musiker schreibt des Öfteren Toplines für andere Künstler. Der Text an sich wurde jedoch von Nimo selbst geschrieben.

Bonez MC ist bekannt dafür, Videos, die ihm nicht mehr gefallen, vom Kanal der 187 Strassenbande zu löschen. So ist beispielsweise das Feature »Paff Paff und weiter« von Capital Bra und Gzuz mit über 25 Millionen Klicks nicht mehr zu finden.

Olexesh nimmt für jedes Album zwischen 70 und 100 Songs auf und sucht die besten davon aus.

Sowohl Farid Bang als auch Manuellsen haben zeitweise darüber nachgedacht, Silla unter Vertrag zu nehmen. Beide Deals sind nicht zustande gekommen.

Im Januar 2018 veröffentlichten Migos ihr Album *Culture II*. Dabei sollte es schon im vorherigen Jahr veröffentlicht werden. Grund für die Verschiebung war eine Festplatte, auf der die Songs gespeichert waren. Rapper Quavo hatte sie einfach verlegt und konnte sie nicht finden. Zwischenzeitliche Gerüchte um einen Diebstahl hatten sich nicht bewahrheitet.

Nimo und Olexesh haben ein Kollabo-Album für 2017 angekündigt, das nie erschienen ist.

Farid Bang wollte eigentlich Al-Gear als ersten Rapper bei Banger Musik unter Vertrag nehmen. Doch der landete im Knast, als es gerade losgehen sollte. Stattdessen signte er Majoe und Jasko, auf die er durch ihr »Halt die Fresse«-Video bei AggroTV aufmerksam geworden war.

Mike und Shneezin von den 257ers haben den Ballermann-Hit »Kleine Maus« von Daniel Danger geschrieben.

Friends with Money, das Label von Shindy, gehört der Schindler & Klöpfer Kulturgüter GmbH, die wiederum Shindy und seinem besten Freund Alex gehört.

Eko Fresh hat den Nummer-1-Hit »Du hast mein Herz gebrochen« von Yvonne Catterfeld geschrieben.

Kool Savas und Xavier Naidoo kündigten 2019 das zweite Album als Xavas an. Nach dem Verschwörungstheorie-Skandal um Naidoo sagte Savas das Album ab.

Das 385idéal-Signing Krime hatte auch ein Labelangebot von Team Kuku vorliegen.

Im Januar 2018 sollte der erste EGJ-Sampler seit zehn Jahren erscheinen. Berühmt wurde die Reihe unter anderem durch Hits wie *Vendetta*. Aus dem neuen Sampler wurde wegen des Zerwürfnisses zwischen Bushido und Arafat letztendlich jedoch nichts. Im Internet lassen sich zumindest einzelne Parts und Songs finden, die eigentlich darauf enthalten sein sollten.

Helene Fischer hat mehrere Feature-Anfragen von Capital Bra abgelehnt.

2019 kündigten Gzuz und Loredana ein Feature an, das nie erschienen ist.

Namika hat Farid Bang mit 16 Jahren auf einer Hiphop-Jam in Frankfurt kennengelernt. Zwölf Jahre später brachten sie im Jahr 2018 ihr erstes Feature raus.

Alpa Gun sollte als Featuregast auf der nicht erschienenen Comeback-Single »Ohne dich« von Grup Tekkan vertreten sein.

Farid Bang hat versprochen, vor seinem Karriereende noch mindestens ein Kollabo-Album mit 18 Karat zu machen.

Der Produzent DJ Smoove arbeitete viele Jahre mit Kool Savas zusammen und war unter anderem an *Aura* beteiligt. Er verstarb leider mit nur 37 Jahren.

Moses Pelham gründete 2006 die Firma DigiProtect, die Musikhörer abgemahnt hat, wenn sie Alben illegal heruntergeladen haben. Seiner Aussage nach haben einige Musiker dadurch mehr mit Abmahnungen verdient als mit den gewöhnlichen Verkäufen.

Die Kollegah-Singles »Du bist Boss«, »Alpha« und »King« sind erst sechseinhalb Jahre nach Release Gold gegangen.

Capital Bra und Joker Bra sind selbstverständlich ein und dieselbe Person. Trotzdem hat Joker Bra einen eigenen Labeldeal bei Universal.

Kaum jemand weiß, dass RAF Camora als Produzent am Gold-Hit »Nice Girl 2.0« von Ufo361 mitgewirkt hat.

Kappa von Genetikk veröffentlichte den Jahresumsatz seines Labels Hikids1991 GmbH: Im Jahr 2018 konnte man dort 900 000 Euro Umsatz erzielen.

Der Schweizer Produzent OZ, der eng mit Shindy zusammenarbeitet, ist für den zweiten Beat auf »SICKO MODE« von Travis Scott und Drake verantwortlich.

Der erste Song von Summer Cem erschien bereits 2003. Sein zweiter Song überhaupt war ein Feature mit Xzibit und Eko Fresh.

Auf dem Cover seines Mixtapes *Therapie vor dem Album* hält RAF Camora einen Satz Papier in den Händen. Zehn Jahre lang wusste niemand, was darauf steht. Später verriet RAF, dass es sich um seinen ersten Plattendeal bei Wolfpack Entertainment handelt.

Kontra K hat 2012 ein kaum bekanntes Dubstep-Mixtape namens *Electrosmog* veröffentlicht.

Azet hat ein Soloalbum namens *Marlboro* produziert, das niemals erschienen ist.

Farid Bang und der DJ Robin Schulz haben bereits zweimal ein Feature angekündigt, das nie erschienen ist.

Money Boy war in seiner gesamten Karriere nur einmal in den Charts. Der Remix zu »Dreh den Swag auf« stieg 2011 auf Platz 52 in Österreich ein.

Mero und Sero el Mero stehen beide beim Label Groove Attack TraX von Xatar unter Vertrag. Ihre Karriere begannen die beiden mit Handyvideos auf Facebook. Jahre bevor Xatar sie gesignt hat, haben sie sich in ihren Handyvideos noch gedisst.

Meidi sollte nach seinem Sieg im »Alpha Royale«-Battle ein Album bei Kollegah rausbringen, das nie erschienen ist.

Kool Savas hat am Song »On Off« von Shirin David mitgeschrieben.

Das Album *Messios* von SSIO erschien im Dezember 2019. Ursprünglich sollte es bereits Herbst 2018 erscheinen, wurde aber immer wieder verschoben. Auch die Tour wurde zweimal neu angesetzt.

Summer Cem hat den Tupac-Klassiker »Ambitionz as a Rider« unter dem Titel »Ambitionz as a Rheydter« gecovert, aber nie komplett veröffentlicht.

Capital Bra und Samra haben für den Song »Fick 31er« den Beat von Bushidos Klassiker »Nie wieder« benutzt. Kurz vorher gaben sie ihre Trennung von Bushidos Label EGJ bekannt.

AK Ausserkontrolle hat zwei Songs mit dem Titel »Echte Berliner«.

Manuellsen hat zwei Songs mit dem Titel »Gangland« sowie zwei Songs mit dem Titel »König im Schatten«.

Farid Bang und MOK haben 2006 ein Feature aufgenommen. Der Song war auf einem Album des Berliners enthalten, das man heute weder kaufen noch im Netz finden kann.

Während des Releases von *Messios* unterlief Amazon ein krasser Fehler. Auf der offiziellen Verkaufsseite des SSIO-Albums wurde angegeben, dass es über die 187 Strassenbande erscheinen würde, weshalb Fans kurzzeitig glaubten, SSIO wäre zu 187 gegangen.

Anthrazit von RAF Camora ist als erstes Rap-Album überhaupt 20 Wochen nach Release wieder in die Top 10 eingestiegen.

Zu »Tamam Tamam« von Summer Cem existieren zwei Musikvideos, die am selben Tag rausgekommen sind. Während das erste Video mit 230 Millionen Aufrufen Rekordklicks hat, ist das zweite mit sechs Millionen Views im Vergleich dazu nahezu unbekannt.

MoTrip hat den Hit »Immer wieder« an einem Tag geschrieben, aufgenommen und ein Musikvideo dazu gedreht.

Zuna kündigte ein Feature mit Xavier Naidoo an, das nie erschienen ist.

Die Band Trailerpark gab 2019 ihre Auflösung bekannt und sollte im September 2020 ihr letztes Konzert spielen. Durch die Corona-Pandemie wurde es auf September 2021 verlegt.

Miami Yacine kündigte im August 2019 »Kokaina 2« an. Das Projekt ist jedoch bis heute nicht erschienen.

Bozza steht bei Sidos Plattenfirma Def Jam Germany unter Vertrag und ist privat mit Gzuz und LX befreundet. Für Shirin Davids zweites Soloalbum schreibt er an deren Songtexten mit.

Das Musikvideo zu »Hypnotize« von Notorious B.I.G. hat 500 000 US-Dollar verschlungen.

Ufo361 hat ein Album namens *Wonderland* aufgenommen, dass er nie rausgebracht hat, weil es vorher geleakt wurde.

Capital Bra und Azet kündigten ein gemeinsames Feature für das Album *CB6* an. Im Internet gab es sogar schon Hörproben zu dem Song. Am Ende fehlte der Part von Azet aber auf dem Album. Eine Theorie dafür: Er rappt in seinem Part die Zeile: »EGJ, KMN – Kartell«. Da sich Capital Bra in der Zwischenzeit von Ersguterjunge getrennt hatte, hätte man die Zeile entweder ändern oder zensieren müssen. Ob das der Grund war, weshalb man den gesamten Part gelöscht hat, ist aber niemals bestätigt worden.

Gent erhielt angeblich 400 000 Euro Vorschuss für seine Unterschrift bei Alpha Music Empire, verließ das Label aber schon nach einem Album.

Gucci Gang-Star Lil Pump sollte als Featuregast auf dem Album *Flizzy* von Fler vertreten sein und eine Gage von 50 000 Euro erhalten. Sein Label verbot es ihm jedoch, weil er mit seinem eigenen Album im Verzug war.

Shindy hatte sein Album *Drama* bereits im Herbst 2018 fertiggestellt, stand zu dem Zeitpunkt aber noch bei EGJ unter Vertrag und wusste nicht, ob er es jemals würde rausbringen dürfen.

Samra hat Features mit Kurdo und Juri angekündigt, die auch anderthalb Jahre später nicht erschienen sind.

K-Fly landete als erster deutscher Rapper einen Hit durch TikTok. Er veröffentlichte Ausschnitte seines Songs »Wenn du da bist« auf der Plattform und ging damit viral. Als das Musikvideo Wochen später erschien, kamen über 2 Millionen Klicks durch TikTok. Der Song brachte ihm sowohl eine Chartplatzierung als auch einen Major Deal bei Universal Music ein.

Für den Remix seines Songs »Alright« hat sich Migos-Mitglied Quavo an der Melodie von Bausas »Was du Liebe nennst« bedient.

Die Videoidee zu »Was du Liebe nennst« von Bausa wurde von Young Thug übernommen.

2017 ereignete sich eine verwirrende Panne in den Charts. So landete Massiv auf Platz 8 und Manuellsen auf Platz 10. In den Hiphop-Charts derselben Woche, die eigentlich auf denselben Zahlen basieren, war Manuellsen jedoch einen Platz vor Massiv auf Platz 3. Eine der beiden Platzierungen musste dementsprechend zwangsläufig falsch sein.

Der tschechische Rapper Papafini hat sowohl das Instrumental als auch die Hook von Flers »Highlevel Ignoranz« für seinen Song »Ignorant« eins zu eins kopiert. In Tschechien scheint Fler viele Fans zu haben, denn der Ideenklau machte dort schnell die Runde. Fler nahm's gelassen.

Flizzy aus dem Jahr 2018 sollte das letzte Album von Fler werden. Seitdem folgten aber bereits zwei weitere.

Wenn er einen KMN-Rapper featuren würde, würde Bonez MC am liebsten Azet featuren. Ein bereits angekündigtes Feature der beiden ist jedoch nie erschienen.

PA Sports hat zwischenzeitlich ein zweites Label namens Dreamseller gegründet und bereits zwei Signings gehabt. Ohne Angabe von Gründen wurde das Label geschlossen.

Im Dezember 2017 kündigte PA Sports einen einstündigen 1000-Bars-Freetrack an, der nie erschienen ist.

Nach seiner Trennung von Alpha Music wollte ein A&R eines großen Labels Seyed nur einen Vertrag anbieten, wenn er Kollegah disse. Seyed lehnte ab, da er weiterhin hinter seinem Entdecker steht.

Snoop Dogg richtete Ende 2018 eine Videobotschaft an die 187 Strassenbande und bot Bonez MC an, einen gemeinsamen

Song zu machen, damit er in die deutschen und Bonez in die US-Charts komme. Bonez MC lehnte das Angebot ab.

Der Vater von Eunique war Produzent der US-amerikanischen Supergroup Gravediggaz und landete mehrfach in den UK- und den US-Charts. Teil der Gruppe war unter anderem RZA vom Wu-Tang-Clan.

Ebbe und Flut, das Debütalbum von Gzuz, wurde erst eine Woche vor der Veröffentlichung angekündigt und chartete trotz verkürzter Promophase auf Platz 2, was bis dahin den höchsten Charteinstieg der 187 Strassenbande darstellte.

Im Januar 2019 nahm Bausa den Newcomer Apache 207 unter Vertrag. Am 29. Februar 2020 überholte dessen Hit »Roller« den Song »Was du Liebe nennst« von Bausa als meistgestreamter deutscher Song aller Zeiten. Das Signing hat seinen Entdecker entthront.

»Olabilir« von Mero stand auf Platz 2 der türkischen Charts. Etwa die Hälfte der Streams dieser Single stammen aus der Türkei.

Miami Yacine und Nash Song haben ein Feature namens »Ghettosuperstars« angekündigt, das nie erschienen ist. Denselben Songtitel verwendeten bereits Kollegah und Farid Bang auf *JBG1* und Majoe auf seinem Debütalbum *Breiter als der Türsteher*.

Ein Hacker bestellte sich vor dem Release mehrere tausend Deluxe-Boxen von PA Sports Album *Keine Tränen* und stornierte sie kurz vor Erscheinen. Dadurch konnten sie während der gesamten Promophase nicht von anderen vorbestellt werden und es entstand nicht nur ein Schaden von über 100 000 Euro, es beeinflusste auch die Chartplatzierung des Albums. Auch bei Azad wurde dieser Vorgang beobachtet, wenngleich in deutlich kleinerem Maßstab.

Nach der Gründung seines Labels S44 haben sich über 2000 Newcomer bei Arafat Abou-Chaker beworben, um einen Vertrag von ihm zu bekommen.

Aufgrund der lediglich 2 Euro, die er am Tag der Gründung in seiner Hosentasche hatte, nannte Mozzik sein Label Die 2-Euro-Gang.

Das erste Musikvideo von Bushido heißt »Bei Nacht« und erschien 2003. Eko Fresh releaste mit »Drück auf Play« im Jahr 2001 sein erstes Video. Farid Bangs erstes Video erschien zu dem eher unbekannten Song »An die Wand«, während Kollegahs erstes Video sein zweifelhafter Klassiker »Shotgun« war.

Miami Yacine und Luciano kündigten Anfang 2018 ein Feature an, das nie erschienen ist.

Sampler 4 sollte eigentlich das Debütalbum von LX sein. Er hatte mit den Arbeiten an dem Album begonnen und überzeugte damit so sehr, dass seine Crewmembers auch auf das Album wollten, woraufhin es irgendwann zum Sampler umfunktioniert wurde.

»Donuts« von Gzuz stieg in Österreich auf Platz 1 der Charts ein, wurde aber mitten in der Woche aus den Charts ausgeschlossen. Das Lied wurde wegen der Zeile »Ficke die Staatsgewalt« als antidemokratisch bezeichnet.

Olexesh ging mit *Authentic Athletic 2* und »Magisch« gleichzeitig in den Album- und den Singlecharts auf Platz 1.

Das frühere Tonstudio von Capo wurde durch Brandstiftung zerstört. Ein vermummter Täter warf einen Molotowcocktail in das Studio.

Vor seiner Unterschrift bei EGJ hatten Capital Bra und Farid Bang sich bereits die Hand darauf gegeben, dass der Berliner bei Banger Musik unterschreibt. Dass er am Ende doch zu Bushido gegangen ist, nimmt Farid ihm aber nicht übel.

Shindy wurde auf dem Album *XY* von AK Ausserkontrolle als Feature angekündigt. Der Song mit ihm ist jedoch nie erschienen. Erst zwei Jahre später sollte das erste Feature der beiden folgen.

Rapper Z, der aktuell bei Merts Label Mula Brothers unter Vertrag steht, stand kurzzeitig bei PA Sports unter Vertrag. Die Trennung wurde nie offiziell verkündet oder begründet.

Al-Gear lehnte einen Vertrag bei Banger Musik ab, weil er sich mit dem damaligen Team um Farid Bang herum nicht gut verstanden hat.

Miami Yacine erhielt ein Vertragsangebot von Xatar, hatte Azet zu dem Zeitpunkt aber schon in die Hand versprochen, dass er zur KMN-Gang kommt.

Kollegah hat am Disstrack »Aktive Sterbehilfe« von Favorite gegen Taichi mitgeschrieben.

Die Single »Neymar« von Capital Bra und Ufo361 landete auch in der zweiten Woche auf Platz 1 der Singlecharts. Das Besondere dabei: Die damalige *DSDS*-Siegerin Marie Wegener hat ihre Siegersingle in derselben Woche rausgebracht und konnte es trotzdem nicht vor die Rapper schaffen.

Kontra K hat die Rapszene im Mai 2018 revolutioniert. Bis dahin hatte er noch nie eine Top-10-Single gehabt und überlegte sich deshalb einen Trick, um die Charts zu überlisten. Er wies seine Supporter an, seine Singles immer nach 31 Sekunden zu skippen und den nächsten Song von ihm zu hören. Da jeder Stream 30 Sekunden lang verfolgt und dann gezählt wird, kann man durch diese Methode in kürzerer Zeit mehr Streams generieren, als würde man die Songs komplett durchhören. Seitdem gingen 8 von 12 Singles von Kontra K in die Top 10. Fünf Singles sind außerdem Gold gegangen.

Mozzik ist der einzige albanische Rapper, der in Deutschland zweimal Goldstatus mit seinen Songs erreichen konnte, obwohl er darauf nicht auf Deutsch rappt.

Noizy ist der einzige albanische Rapper, der in Deutschland Platinstatus erreichen konnte, obwohl er nicht einmal Deutsch spricht. Die Auszeichnung erhielt er für die Single »Nummer 1« mit Azet und Zuna.

Mozzik und Getinjo verließen das Label OnRecords vor Ablauf des Vertrages und haben damit einen Vertragsbruch begangen. Als Entschädigung für die frühzeitige Trennung verlangte das Label angeblich 1,5 Millionen Euro von den beiden Brüdern.

RIN und Yung Hurn hatten nach dem Erfolg der Single »Bianco« ein gemeinsames Album mit dem Titel *Mafia der Liebe* geplant. RIN ließ das Release jedoch platzen.

Rich Kidz war das erste Album von Kay One, nachdem er sich von Ersguterjunge getrennt hat. Knapp sieben Jahre später ist es sein erfolgreichstes Soloalbum und erreichte Goldstatus für 100 000 verkaufte Einheiten.

Siebeneinhalb Jahre nach Release ist »Chabos wissen wer der Baba ist« von Haftbefehl Gold gegangen.

Kollegah und Farid Bang veröffentlichten zur Feier ihrer goldenen Schallplatte einen Remix zur Gold-Single »Sturmmaske auf«. Als Featuregäste waren 18 Karat, Jigzaw, Summer Cem,

King Khalil und Capital Bra vertreten. Nachdem Capital sein Signing bei EGJ bekanntgegeben hatte, wurde er jedoch von dem Song entfernt und ist bis heute nicht mehr darauf zu hören. Kollegah änderte seinen Part sogar ab, da er Capital Bra darauf erwähnt hatte. Jetzt erwähnt er nur noch Jigzaw und King Khalil auf dem Track.

Farid Bang spielte mit dem Gedanken, Sero el Mero bei Banger Musik zu signen. Ein Jahr später unterschrieb er bei Xatar.

Genetikk hat ein Feature mit A$AP Rocky angekündigt, das nie erschienen ist.

Der Song »Palmen aus Gold« ist auf YouTube ein wenig anders als auf der EP. Auf der YouTube-Version rappt RAF Camora die Zeile *»Die Palmen sind jetzt aus purem Gold«*, während er auf der EP nur von *»bald«* spricht. Die YouTube-Version kam nach der Masterabgabe der EP raus, weshalb er seinen Part änderte und so auf den Goldstatus des zuvor erschienenen Albums *Palmen aus Plastik* reagieren konnte.

5 Erst Beef, dann Knast

Gzuz hat einiges auf dem Kerbholz und wurde bereits für bewaffneten Raub, Körperverletzung, Beleidigung, Verstoß gegen das Sprengstoff- und Waffengesetz, gegen das Betäubungsmittelgesetz und wegen sexueller Belästigung verurteilt.

Azet verbüßte bis 2018 eine mehrjährige Gefängnisstrafe, weil er einem Mann ein Messer in den Rücken gestoßen hat. Der Richter ließ ihn nach der Verurteilung noch einige Monate auf freiem Fuß, damit er seine Musikkarriere aufbauen konnte.

Im Alter von 18 Jahren fuhr Kollegah regelmäßig nach Tschechien, um dort gefälschte Markenklamotten zu kaufen und diese später teurer auf eBay weiterzuverkaufen. Die Firma Hugo Boss verklagte ihn deshalb auf einen fünfstelligen Betrag.

Samra wurde wegen eines Videodrehs in Prag für einige Tage festgenommen. Für den Dreh hatte man sich Waffen-Attrappen besorgt, die die tschechische Polizei für echt hielt. Auf einer Liste der Prager Behörden war zu lesen, dass der Rapper mehrere Sechs-Millimeter-Pistolen, einen Colt, eine Machete, eine RDG-5-Handgranate sowie einen RPG-75-Raketenwerfer dabei hatte.

Miami Yacine hatte nach seinem Megahit »Kokaina« Streit mit einer arabischen Großfamilie. Auf dem Höhepunkt des Beefs wurde der Dortmunder überfallen und von mehreren maskierten Angreifern zusammengeschlagen.

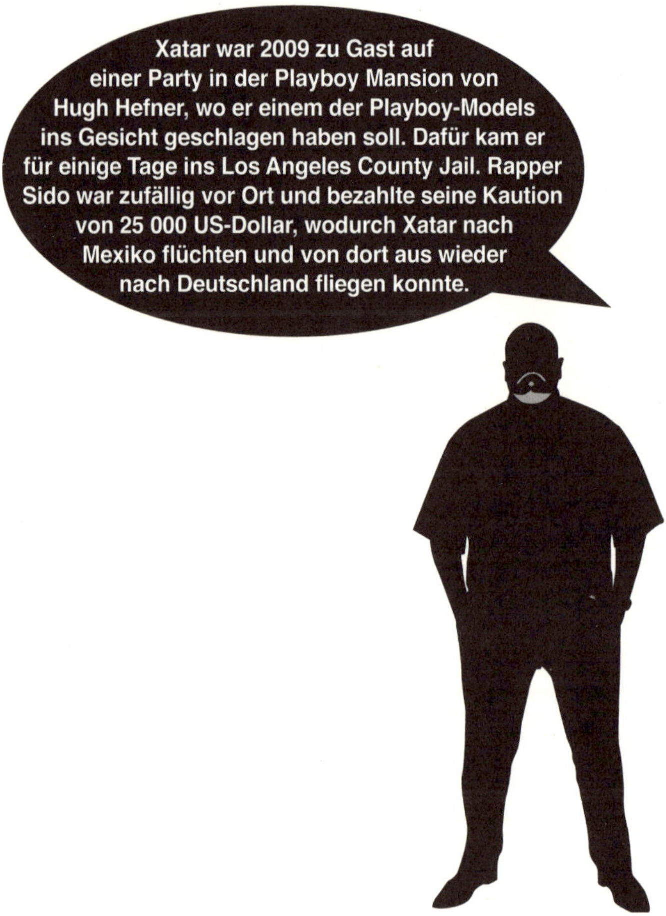

Der Berliner Rapper Momo Black, der wegen des Mordes an einer 35-jährigen Frau im Gefängnis sitzt, tötete schon vorher eine Person. 2009 erstach der damals 19-Jährige einen 41-jährigen Nachbarn im Streit. Da er jung war und unter Drogeneinfluss gestanden hatte, wurde er unter mildernden Umständen nach Jugendstrafrecht verurteilt und war dadurch schnell wieder freigekommen.

Knasterfahrung hat auch Rapper Nimo. Der Musiker aus Karlsruhe musste seinen 16. und 17. Geburtstag im Knast verbringen. Mit 15 war er ins Gefängnis gekommen. Da bekannt ist, dass er seinen 18. Geburtstag nicht mehr dort verbringen musste, kann man von einer geschätzten Dauer von etwas mehr als zwei Jahren Haftzeit ausgehen.

Jigzaw wurde von Carmen und Robert Geiss wegen einer Songzeile verklagt und von einem Gericht zu einer Strafe von 50 000 Euro verurteilt.

Kollegah musste eine Geldstrafe von 100 000 Euro an die beiden Töchter des Promi-Ehepaars Geiss zahlen. Die jüngste Tochter will sich von dem Geld einen Range Rover kaufen.

2019 machte ein Video im Netz die Runde, in dem Manuellsen mit mehreren Personen auf Animus losgeht und ihn k. o. schlägt. Das Video löste eine Diskussion über Gewalt im Hiphop aus.

Die Tierschutz-Organisation PETA erstattete Strafanzeige gegen Gzuz, weil der in seiner Instagram Story einen Schwan geohrfeigt haben soll. Der Rapper gewann den Prozess jedoch, weil vor Gericht anhand des Videomaterials nicht eindeutig festgestellt werden konnte, ob er das Tier wirklich getroffen hat.

US-Rapper Cueno war Mitglied der GS9-Gang und dort für die Planung von Morden zuständig. Dafür wurde er 2017 zu einer Strafe von 117 Jahren hinter Gittern verurteilt.

Die Polizei in Buxtehude nutzte 2017 ein Foto von Bushido als Vorlage für ein Phantombild, mit dem nach einem Räuber gesucht wurde. Als der Rapper dies bemerkte und sich beschwerte, musste die Polizei den Vorfall zugeben.

SSIO landete 2009 kurzzeitig im Knast. Nach Xatars Gold-Raub wurden die Wohnungen aller Personen durchsucht, mit denen Xatar in Kontakt stand. Obwohl SSIO nichts mit dem Raub zu tun hatte, wurde er festgenommen, weil die Polizei bei ihm auf einen nicht näher genannten »Zufallsfund« stieß.

Shindy erschien zu einem Gerichtstermin in einem babyblauen Bentley für 300 000 Euro. Gegen die Geldstrafe in Höhe von 175 000 Euro, die die Staatsanwaltschaft wegen Kennzeichenmissbrauchs verhängen wollte, legte sein Anwalt jedoch Einspruch ein. Die Begründung: Shindys Einkommen sei weitaus geringer.

Money Boy verbrachte die Weihnachtstage des Jahres 2015 wegen erheblicher Sachbeschädigung in einem Nobelhotel hinter Gittern.

Die 187 Strassenbande war länger im Knast als in den Charts. 271 Wochen verbrachten Gzuz und LX im Gefängnis, wohingegen alle Releases der gesamten Crew bis Anfang 2020 nur knapp 200 Wochen in den Album-Charts waren.

Haftbefehls älterer Bruder Aytac sitzt derzeit wegen eines Banküberfalls im Knast.

Fler setzte auf Instagram ein Kopfgeld von 1000 Euro auf eine Frau aus und wurde deshalb zu 54 000 Euro Strafe verurteilt.

Shindy verprügelte während einer Silvester-Party in betrunkenem Zustand zwei Männer, die sich über ihn lustig gemacht hatten. Einer der Männer war Polizist. Anschließend wurde der Rapper per Haftbefehl gesucht, weil er nicht zum Gerichtstermin erschien.

18 Karat saß zwei Jahre im Knast.

AK Ausserkontrolle soll angeblich Teil der berüchtigten »Gullideckelbande« sein. Die Bande zeichnet für eine Reihe von Blitzeinbrüchen in Berlin verantwortlich. In einer besonders spektakulären Aktion fuhr sie mit einem Wagen durch die Glas-Front eines Apple-Stores und erbeutete Gegenstände mit einem Wert im sechsstelligen Bereich. AK bezeichnete sich in einer Dokumentation über die Bande als »Chronist der Gruppe«.

Eminem wurde vom Secret Service verhört, weil er in einem Song Gewaltphantasien gegen Ivanka Trump geäußert hatte.

Das Amtsgericht Stuttgart erhob wegen Kennzeichenmissbrauchs einen Strafbefehl von 175 000 Euro gegen Shindy. Die Summe fiel so hoch aus, weil man sein monatliches Einkommen auf 150 000 Euro schätzte.

Azet bekam 2017, im letzten Jahr seiner Haftstrafe, einige Freigänge zugestanden, um sich an das normale Leben zu gewöhnen. Einen Freigang nutzte er unerlaubt dazu, auf dem Splash!-Festival aufzutreten, woraufhin ihm monatelang keine Freigänge mehr gestattet wurden.

Der Essener Rapper Hamad45 sitzt wegen gefährlicher Körperverletzung zurzeit eine Haftstrafe von sechs Jahren und drei Monaten ab. Mitte des Jahres 2024 kommt er wieder raus.

Gzuz wurde 2019 zu einer Geldstrafe verdonnert, bei der die Tagessätze 70 Euro betrugen. Damit kam das Gericht zu der Einschätzung, dass der Hamburger nur 2100 Euro netto im Monat verdient.

Durch den Videodreh zu ihrer Single »Hoes Up G's Down« löste Shirin David einen Polizeieinsatz aus, bei dem insgesamt 72 Anzeigen erstattet wurden.

Nachdem der HSV im Derby gegen St. Pauli gewonnen hatte, pinkelte Gzuz aus Frust gegen das Hamburger Landgericht. Obwohl Videos davon im Netz kursieren, kam es nie zu einer Anzeige oder sonstigen Konsequenzen.

Capital Bra hat einmal die Notrufnummer 110 gewählt, zu dem Polizisten gesagt: »Wissen Sie, was passiert ist? Nix!«, und hat danach aufgelegt. Der Rapper bekam eine Anzeige wegen Missbrauch von Notrufen.

Gegen Loredana wird seit 2019 wegen eines Betrugsfalls ermittelt. Im Falle einer Verurteilung droht ihr eine Abschiebung in die Republik Kosovo, da sie nicht die Schweizer Staatsangehörigkeit besitzt.

Mitte 2020 liefen achtzehn offene Verfahren gegen Fler.

Im September 2019 wurde Fler kurzzeitig festgenommen, weil er ohne Führerschein gefahren war. Zwei Tage später wurde er erneut ohne Führerschein hinterm Lenkrad erwischt.

Three 6 Mafia hat Travis Scott wegen einer vermeintlich geklauten Hook auf 20 Millionen US-Dollar verklagt. Die Klage wurde abgewiesen, weil niemand die Ähnlichkeit hören konnte.

Ein Nachbar rief die Polizei, weil Kianush versucht hat, in sein eigenes Auto einzubrechen.

Gzuz wurde vom Hotel »Arcottel Rubin« in Hamburg angezeigt, weil er ausschlafen wollte. Er verließ sein Zimmer auch nach dem Check-Out-Termin nicht, weshalb das Hotel die Polizei rief und ihn wegen Hausfriedensbruchs anzeigte.

Hiphop-Legende The Kidd Creole, der Teil der Crew Grandmaster Flash & the furious five gewesen ist, sitzt seit 2017 im Knast, weil er einen Obdachlosen erstochen hat.

6ix9ine sagte vor Gericht gegen seinen Manager aus, weil der mit seiner Frau geschlafen hat. Im Internet existieren Videos davon.

Weil Azet bei einem Freigang öffentlich aufgetreten war und auf der Bühne »Fuck the Police« geschrien hat, bekam er zum Ende seiner Haftstrafe ein Kontaktverbot zu seinen Rapkollegen Zuna, Nash und Miami Yacine. Im offenen Vollzug durfte er sie nicht treffen.

Jigzaw saß zusammen mit dem älteren Bruder von Miami Yacine im Knast.

Der Sänger Julian Williams, ehemals J-Luv, soll nach einer Ansage gegen Ahmad Miri vom Miri-Clan verprügelt worden sein.

Kaum jemand weiß, dass PA Sports im Jahr 2010 für zwei Monate in Untersuchungshaft saß. Der Vorwurf lautete »schwerer Raub«. Dieser bestätige sich im Laufe des Verfahrens jedoch nicht und der Rapper kam mit einer Bewährungsstrafe davon.

Die 187 Strassenbande ist insbesondere in München nicht gerne gesehen. Bei den letzten Konzerten der Rapper in der bayrischen Hauptstadt gab es Razzien mit je 120 und 150 Beamten.

Miami Yacine saß im Jahr 2011 im Gefängnis. Dies thematisiert er in seinem Song »Montpellier«.

Der französische Rapper MHD gilt als Erfinder des Afro Traps. Anfang 2019 kam der damals 24-Jährige wegen des Vorwurfs des Totschlags in Untersuchungshaft. RAF Camoras Musikvideo zu »Gotham City« hat ihn nur 1000 Euro gekostet. Allerdings nicht für die Produktion, sondern wegen eines Bußgelds, das dem Videoteam während des Drehs auferlegt wurde. Ansonsten hätte er null Euro bezahlt.

Ufo361 geriet auf der Fahrt von Amsterdam nach Hause in eine Polizeikontrolle. Die Beamten bemerkten anhand des Geruchs sofort, dass sich Cannabis im Auto befindet, und fanden letztendlich Päckchen in der Unterhose des Rappers.

Während 6ix9ine im Knast saß, erschien ein bizarrer Werbespot, in dem er für den Sexshop Romantic Depot wirbt.

Meek Mill behauptete, dass seine Ex-Freundin Nicki Minaj den Anwalt ihres Bruders bezahlte, als dieser wegen des sexuellen Missbrauchs eines 11-jährigen Mädchens vor Gericht stand.

Capo wurde vor einigen Jahren in Las Vegas verhaftet und befand sich zwei Tage in Untersuchungshaft. Die Gründe sind unbekannt. Der Rapper erklärte lediglich: »Ich habe Scheiße gebaut.«

Juju hatte vor einem Flug in Frankfurt noch Gras dabei und versteckte es auf einer Toilette des Flughafens. Sie postete das

Versteck in ihrer Story, damit einer ihrer Fans es abholen könne. Auch die Polizei bekam von der Story Wind, sammelte das Tütchen ein und zeigte Juju wegen Verstoßes gegen das Betäubungsmittelgesetz an.

Hollywood Hank gilt seit 2009 mehr oder weniger als verschwunden. 2012 brachte Kumpel Favorite in Erfahrung, dass er in Frankreich im Knast sitzt. Durch ein Re-Release des Albums *Soziopath* konnte Selfmade Records genug Geld einspielen, um seine Kaution zu bezahlen.

2014 tauchte Hollywood Hank unter dem Namen Bak Ta Ehli wieder im Forum der Reimliga Battle Arena (RBA) auf und veröffentlichte eine Handvoll Songs. Eine Woche später verschwand er wieder und hat sich seitdem nicht mehr gemeldet.

2017 rief Kool Savas öffentlich dazu auf, dass Hollywood Hank sich bei ihm melden solle, aber selbst er konnte ihn nicht zu einem Comeback bewegen.

Im Zuge der Betrugsermittlungen gegen sie haben die Schweizer Behörden 2019 die Konten von Loredana eingefroren.

Das SEK stürmte die Wohnung von Fler mit Maschinengewehren, weil er unter Verdacht stand, eine U-Bahn mit Graffiti besprüht zu haben. Grund für den Verdacht ist sein Musikvideo »Dieser Boy«.

KMN-Rapper Nash stand vor Gericht, weil ihm Handel mit Kokain und Marihuana vorgeworfen wurde. Während er freigesprochen wurde, musste sein Bruder hinter Gitter.

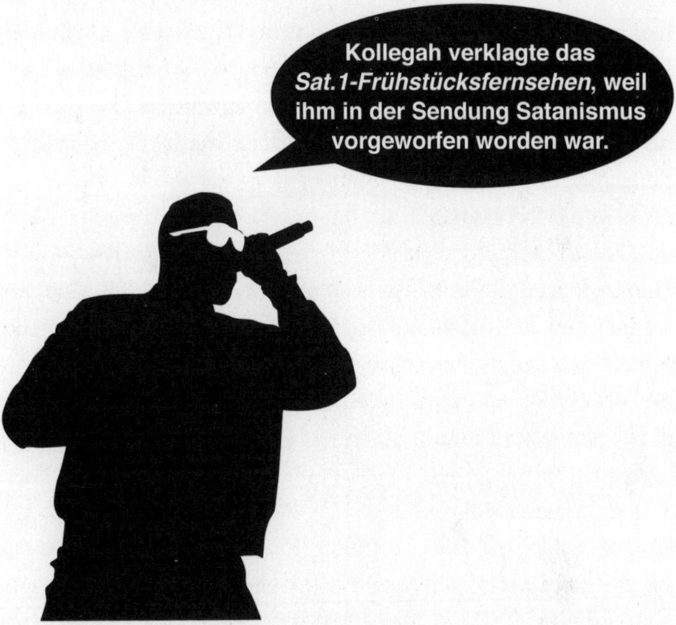

Bevor er im Jahr 2014 Teil der 187 Strassenbande wurde, hielt sich LX mit dem Verkauf von Cannabis über Wasser, vor allem, um seinen eigenen Konsum zu finanzieren. Aber auch einer legalen Arbeit ging er nach. So war er zeitweise in einer Pommesbude angestellt und verrichtete 40-Stunden-Wochen.

US-Rapper Tay-K, der mit seiner Single »The Race« Platinstatus erreichen konnte, wurde wegen Beteiligung an einem Mord zu 55 Jahren Haft verurteilt und kommt erst mit 74 Jahren wieder frei.

Die Londoner Polizei nahm im Sommer 2019 einen 33-jährigen Deutschen aus Hannover fest. Aus seiner Wohnung heraus betrieb dieser ein Koks-Netzwerk und hatte während der Verhaftung 6 Kilo im Wert von 1 Million Pfund Sterling zu Hause. Im Januar 2020 wurde er zu 15 Jahren Haft verurteilt. Früher war er in seiner Heimatstadt als Rapper SMOking bekannt. Mitte er 2000er brachte er zwei Alben über Illvibe Records raus. Der Hannoveraner Rapper Meidi kennt ihn von damals und beschrieb ihn nach seiner Verurteilung als »lieben, guten Jungen«.

Seit 2016 gilt Bushido als vorbestraft. Die Berliner Justiz erließ einen Strafbefehl wegen Steuerhinterziehung gegen ihn. Er akzeptierte die Strafe und zahlte insgesamt 135 000 Euro.

6ix9ine zahlte 10 000 US-Dollar für einen Auftragsmord an Chief Keef. Dieser schlug zum Glück fehl, jedoch wurde dabei eine unbeteiligte Anwohnerin von einer Kugel am Bein getroffen. Sie verklagte den Rapper aus Brooklyn auf 150 Millionen Dollar.

Die Politik sucht seit Jahren nach Möglichkeiten, kriminelle Clans zu bekämpfen. Ein Teil der Strategie wird von der CDU ganz offiziell als »Bushido-Effekt« bezeichnet. Sie hoffen, dass Beispiele wie der Rapper die Jugendlichen davon abschrecken, sich kriminellen Organisationen anzuschließen.

Drilon wurde von einem Polizisten wegen »Ehrverletzung« angezeigt. Er hatte eine Gruppe von Beamten als »Pic-Kinder« und »Kekse« bezeichnet.

The Game wurde von einer transsexuellen Frau namens Priscilla Rainey wegen eines angeblichen sexuellen Übergriffs verklagt. Das Gericht gab ihr Recht und verdonnerte ihn zu 7,2 Millionen US-Dollar Schmerzensgeld. Da er die Summe nicht zahlen wollte, fließen seitdem sämtliche Einnahmen des Rappers an Rainey, bis die Strafe abgestottert ist.

Kollegah wurde wegen einer nicht eingehaltenen Kündigungsfrist von einer Modefirma auf 250 000 Euro verklagt. Das Gericht schlug einen Vergleich von 200 000 Euro vor. 2020 läuft das Verfahren aber noch.

Schwesta Ewa befürwortet es, Kinderschänder kastrieren zu lassen.

Olexesh stand 2006 vor Gericht. Der Richter sagte ihm, er solle aufhören zu rappen, da er sich dadurch nicht mehr normal artikulieren könne. Danach verdonnerte er ihn zu »3 Jahren auf Bewährung«.

Xatar wurde wegen eines Goldraubs in Millionenhöhe zu einer Gefängnisstrafe von acht Jahren verurteilt, von denen er am Ende etwas mehr als fünf Jahre hinter Gittern verbrachte. Das Gold wurde nie gefunden, sodass bis heute gerätselt wird, ob Xatar weiterhin im Besitz des Edelmetalls ist. Der Raub im Jahr 2009 weckte auch über die Landesgrenzen hinaus Begehrlichkeiten. Als Xatar nach der Tat auf der Flucht war, wurde er im Irak verhaftet. Die Gefängnisbetreiber hielten ihn drei Monate lang fest und folterten ihn zum Teil mit Elektroschockern, damit er ihnen verriete, wo er das Gold im Wert von 1,7 Millionen Euro versteckt hat. Er sagte den Wärtern nichts und wurde schlussendlich nach Deutschland überführt.

Al-Gear wurde sieben Mal an einem Tag geblitzt.

Eigentlich wollte Sido nur seine Mutter nach Hause bringen. Doch dann wurde sein Auto von der Polizei gestoppt. Doppelt blöd: Nicht nur, dass er keinen Führerschein hatte – auch die Fahrprüfung, die er zwei Wochen später ablegen sollte, war damit erledigt.

Ra'is saß zwischen Mai 2014 und Juni 2018 für vier volle Jahre hinter Gittern. Anderthalb Jahre nach seiner Entlassung wurde er von Xatar unter Vertrag genommen und ist seitdem Labelkollege von Mero und Eno bei Groove Attack Trax.

Im Oktober 2017 saß Gzuz für vier Tage in U-Haft, weil er einen Getränkemarkt-Mitarbeiter unter Alkoholeinfluss geschlagen hatte.

Kodak Black sitzt wegen Betrugs noch bis Ende 2023 im Knast. Sein Song »Zeze« gilt als einer der prägendsten Tracks der letzten zehn Jahre.

Samra wurde nach eigener Aussage für seinen Song »Shoote ma Shoote« verklagt, weil er ein Songelement von einem bekannten DJ geklaut haben soll.

Jigzaw wurde während des Videodrehs zum Song »Sprudelwasser« mit Kollegah festgenommen. Danach kam er bis zu seiner Ausweisung aus Deutschland nicht mehr frei.

Play69 war bereits mit 14 Jahren im Knast.

Gzuz wurde vom Amtsgericht Frankfurt zu einer Geldstrafe von 8050 Euro verdonnert, weil er einem Polizisten am Frankfurter Flughafen die Worte »Heil Hitler!« zugerufen hatte.

Milonair hat im Alter von 13 Jahren mit mehreren Komplizen einen Laden namens Foto Point in Hamburg ausgeräumt und dabei Gegenstände im Wert von 200 000 Euro erbeutet. Weil der Alarm nicht losging, fuhren sie noch einmal zum Tatort und wurden noch in derselben Nacht von der Polizei erwischt.

Bass Sultan Hengzt wurde 2008 von einer Stalkerin mit einem Messer attackiert, konnte sich aber wehren. Als die Polizei eintraf, interpretierten sie die Situation falsch, nahmen statt der Frau ihn fest und er musste eine Nacht hinter Gittern verbringen.

Schwesta Ewa verbüßt derzeit eine Haftstrafe von zweieinhalb Jahren wegen 35-facher Körperverletzung und Steuerhinterziehung in Höhe von 60 000 Euro. Das Leben der gebürtigen Polin ist vom kriminellen Milieu geprägt. So arbeitete sie jahrelang als Prostituierte, womit sie sich eine Zeit lang ihre Crackabhängigkeit finanzierte.

Trotz hoher Einnahmen zahlte Sun Diego bis 2018 jahrelang keine Steuern, weil er sich nicht um seine Steuererklärungen gekümmert hat. Als das Finanzamt deswegen sein Studio durchsuchte, wurden Drogen und Waffen gefunden, wofür er 2020 zu 22 Monaten Haft auf Bewährung verurteilt wurde.

Jeder weiß vom spektakulären Raub im Berliner Bode Museum, bei dem eine 100 Kilo schwere Goldmünze mit einem Nennwert von etwa 3 Millionen Euro geklaut wurde. Einige Wochen nach dem Raub tauchte sie im Musikvideo zu »Jim Beam & Voddi« von AK Ausserkontrolle und Bonez MC auf. Laut AK handelte es sich lediglich um eine Replik.

18 Karat ist ebenfalls eng mit der Unterwelt vernetzt und begann seine kriminelle Karriere bereits mit 14 Jahren, als er bei einem Raubüberfall einen fünfstelligen Betrag erbeutet haben soll. Später stieg er ins Grasgeschäft ein und war eigenen Angaben nach schon mit 19 Jahren Millionär.

Blokkmonsta hat eine lange kriminelle Karriere hinter sich. In einem Interview zählte er sämtliche Paragrafen auf, gegen die er verstoßen hat: Hausfriedensbruch, Bedrohung, Brandstiftung, Körperverletzung, schwere Körperverletzung, Waffenbesitz, schwerer Waffenbesitz, Verstoß gegen das Kriegswaffenkontrollgesetz, Volksverhetzung, Landfriedensbruch, Raub, Diebstahl, Sachbeschädigung. Hinzu kommen öffentliche Aufforderung zu Straftaten und Gewaltdarstellung.

Play69 wurde vom Fußballverein Borussia Dortmund angezeigt, weil er in den Signal Iduna Park eingebrochen ist, um ein Video zu drehen.

Nura wurde von der AfD angezeigt, weil sie ein Wahlplakat der rechtspopulistischen Partei abgerissen hat.

Twitter-Rapper Juicy Gay ist dem Beispiel von Nura gefolgt und hat auch ein AfD-Plakat abgerissen. Er wurde ebenfalls wegen Sachbeschädigung angezeigt.

Der Sender Sat.1 präsentierte ein Handyvideo mit einer Rangelei als Beweis für kriminelle Strukturen in Frankfurt. Tatsächlich war auf dem Video zu sehen, wie Rapper Celo eingreift, als ein Mann eine Frau auf offener Straße sexuell nötigen wollte.

RAF Camora hat sich in Wien mit ein paar Polizisten gestritten und sie auf Bosnisch mit den Worten »pusi mi kurac« (deutsch: Blas mir einen) und »pitschko mater« (deutsch: In die F**ze deiner Mutter gehen) beleidigt haben. Leider konnte einer der Polizisten Bosnisch und zeigte RAF dementsprechend wegen Ehrenkränkung an. Der Rapper sollte entweder 200 Euro Strafe zahlen oder vier Tage Ersatzhaft absitzen.

Al-Gear sollte wegen eines kleineren Verstoßes für 40 Tage im Knast sitzen. Farid Bang stellte noch am selben Tag die Kaution. Beim Verlassen des Gebäudes pinkelte Al-Gear gegen die JVA.

Einer der vier Mörder von XXXTentacion wurde wegen seiner Tat im Knast vergewaltigt. Gerüchten zufolge soll der inhaftierte Rapper Kodak Black die Racheaktion in Auftrag gegeben haben.

Kollegahs *Debütalbum* Alphagene musste um eine Woche verschoben werden, weil er während der Produktionsphase mit Drogen erwischt wurde und kurzzeitig im Gefängnis saß.

Xatar nahm sein Album *415* komplett im Knast auf – der Titel entspricht seiner Zellennummer. Da er hinter Gittern kein Studio hatte, musste er es mit einem Diktiergerät unter der Decke aufnehmen. Das fertige Produkt hat er erst zwei Monate nach Veröffentlichung hören können.

Der Essener Rapper Veysel verbrachte drei Jahre und drei Monate seines Lebens im Knast. Der Grund dafür ist besonders tragisch. Im Jahr 2010 geriet er in einen Streit mit einem anderen Mann, der nach einem Faustschlag von Veysel unglücklich auf den Boden fiel und verstarb. Nach einer kurzen Flucht stellte sich der Rapper aus Gewissensgründen der Polizei. Die Familie des Opfers verzieh ihm und das Gericht erkannte seine Reue an, weshalb er eine verhältnismäßig kurze Strafe erhielt.

6ix9ine wurde Ende 2018 unter anderem wegen eines versuchten Auftragsmords, bewaffnetem Überfall, Drogenhandel und weiteren Punkten angeklagt. Zeitweise drohten ihm bis zu 47 Jahre Gefängnis.

2014 wurde ein 21-jähriger Rumäne in dem kleinen Ort Neuendorf ermordet. Der Täter soll ein damals 18-Jähriger gewesen sein, dem Fler zuvor einen Plattenvertrag bei Maskulin angeboten hatte. Fler machte ebenfalls eine Aussage zu dem Fall.

Jusef, Rapper und der jüngere Bruder von AK Ausserkontrolle wurden zu fünf Jahren Haft verurteilt. Seine Songtexte wurden vor Gericht als Beweismittel genutzt.

Schwesta Ewa wurde von der JVA Preudesheim angezeigt, weil sie behauptete, während ihrer dort verbüßten U-Haft sexuell belästigt worden zu sein.

Gzuz hat das Musikvideo zu »Warum« in Los Angeles gedreht und dabei einen Polizeieinsatz ausgelöst.

Die gesamte Strafakte der 187 Strassenbande: Bonez MC war nie im Knast, musste aber ein paarmal Geldstrafen zahlen und bekam 2014 und 2016 Bewährungsstrafen von 9 und 11 Monaten. Gzuz ist Intensivtäter und hat bereits 21 Verurteilungen auf dem Buckel. 2010 landete er für 3 Jahre und 4 Monate im Gefängnis. LX kam 2012 und 2015 jeweils wegen mehrerer Gewaltdelikte in den Knast. Maxwell musste sechs Mal wegen Geldstrafen in die Tasche greifen, teils wegen Beleidigung, teils Drogendelikten und einmal wegen Körperverletzung. Sa4 hat nur einen einzigen Eintrag in seiner Strafakte: eine Geldstrafe wegen Verkehrsgefährdung.

6 Behind the lyrics

Eines der wichtigsten Markenzeichen von Capital Bra ist der Ausruf des Wortes »Bra« in seiner Musik. Auf seinem zweiten Album *Makarov Komplex* kommt das Wort ganze 212 Mal vor, was rein statistisch bedeutet, dass er es alle 12 Sekunden einmal sagt. Auf die Spitze trieb er es auf *Berlin lebt*, wo er das Wort ganze 507 Mal rappt. Bei nicht einmal 47 Minuten Spielzeit sagt er das Wort im Schnitt alle 5,5 Sekunden oder 25 Mal pro Track.

Der Bayerische Rundfunk hat sich mit dem Wortschatz verschiedener deutscher Rapper befasst und diesen mit dem Wortschatz von Goethe verglichen. Und tatsächlich wiesen mit Morlock Dilemma und Kollegah zwei Rapper einen breiteren Wortschatz auf als Goethe. Beide verwendeten über 3000 verschiedene Wörter in den analysierten Texten.

Der Albumtitel *BB.U.M.SS.N.* von SSIO ist eine Abkürzung für »BoomBapisch Ultraamnesisch Melodischanaboler Straßen-Scheiß Nuttööö«, was seiner Ansicht nach den Sound des Albums am besten beschreibt.

Donald Glover, bekannt als Schauspieler und Rapper Childish Gambino, erhielt seinen Rap-Namen durch einen Namensgenerator im Internet.

Luciano wurde von der französischen Ausgabe des VICE Magazine als »Zukunft der europäischen Rapszene« bezeichnet.

Bonez MC bezeichnet sein erstes Soloalbum *Krampfhaft kriminell* aus dem Jahr 2012 inzwischen als »größten Müll«.

Eminem liefert immer wieder Beweise für seinen Status als »Rap God«. So ist er unter anderem ein absoluter Meister in der Disziplin des Doubletimes. In seinem Song »Godzilla« rappt Eminem ganze 328 Silben innerhalb von 29,8 Sekunden. Damit kommt er fast punktgenau auf 11 Silben die Sekunde und übertrifft seine Bestmarke von bisher 10,3 Silben pro Sekunde in »Majesty«.

Capital Bra hat versucht, den Doubletime in Kollegahs Track »John Gotti« mitzurappen und es nicht geschafft.

Farid Bang sollte einen Doubletime-Part für den Song »Gamechanger« aufnehmen. Um mit seinem Feature-Partner Kollegah mithalten zu können, ließ er sich im Studio von Kay One coachen, da dieser ebenfalls als begnadeter Doubletime-Rapper bekannt ist.

Luciano hat sich den kompletten Text seines Songs »Geh meinen Weg« auf den rechten Oberarm tätowiert. Der Text beschreibt seine Lebensgeschichte und umfasst 531 Worte.

Ein treuer Fan hat sich den Songtext von Kontra Ks »Erfolg ist kein Glück« über den gesamten Rücken tätowiert. Der Text beinhaltet 593 Worte.

50 Cent hat seine Catchphrase »Get the strap« für 1 Million US-Dollar an den Medienkonzern Viacom verkauft.

Die Instrumentals der Tracks »Gehobene Dichtkunst« von Kollegah und »Oma Lise« von Bushido klingen fast identisch.

»Miststück« von Al-Gear ist an den Song »Dreckstück« von Bushido angelehnt und erzählt die gleiche Geschichte aus anderer Perspektive. Al-Gear disst darin Bushido und Fler und dreht einzelne Zeilen gegen sie um.

Bausa wirft dem internationalen Starproduzenten Felix Jaehn vor, in dessen Song »Cool« auf eine Chord Progression, also auf eine Akkord-Abfolge, von ihm zurückgegriffen zu haben, womit er ihn ohne Erlaubnis kopiert hätte.

Fler behauptete, er habe den Song »CCNDNA« von sich und Bushido komplett geschrieben.

Bis heute halten sich Gerüchte, dass Miami Yacines Megahit »Kokaina« vom Untergrund-Rapper Despo geschrieben worden sein soll. Play69 verbreitete das Gerücht ebenfalls, wohingegen Miami Yacine bis heute darauf schwört, den Song selbst geschrieben zu haben. Als Beweis präsentierte er das Original-Textblatt, auf dem der Text geschrieben wurde. Play69 konterte, indem er den Text von Tupacs »Hit em up« auf einen Zettel schrieb und sagte, er habe »Hit em up« geschrieben.

Die Presse spricht inzwischen von den »berühmtesten 2 Sekunden Musik der deutschen Rechtsgeschichte« – Moses Pelham ist in einen schon 21 Jahre andauernden Rechtsstreit mit der Band Kraftwerk verwickelt. Sein für Schwester S produzierter Song »Nur mir« enthielt ein zweisekündiges Sample der Band aus dem Jahr 1977. 1999 verklagten sie Moses Pelham auf Schadenersatz und stritten schon mehrfach vor dem BGH und dem BVG. Ein Ende der Verhandlung, in der es um Grundsatzfragen der Kunstfreiheit und des Urheberrechts geht, ist noch nicht abzusehen.

Der berühmte Satz »Real eyes realize real lies« wird oft Tupac Shakur zugeschrieben. Es gibt allerdings keine eindeutigen Belege für die wahre Urheberschaft dieses bedeutungsvollen Wortspiels. Andere Quellen nennen den Soul-Sänger Ray Charles oder den Schriftsteller Mark Twain als Erfinder des Satzes.

Bonez MC hat das Cover zu *Sampler 4* selbst bei Photoshop erstellt.

Die 187 Strassenbande besteht nicht nur aus Rappern, sondern auch aus den Sprühern Track und Wesh. Beide haben es durch illegale Straßen-Graffitis zu Stars in der Kunstszene geschafft und haben des Öfteren eigene Vernissagen in Hamburg.

2019 veranstaltete der Fotograf Pascal Kerouche eine Ausstellung unter dem Titel »Long Time No See« in Hamburg. Darin präsentierte er Fotos bekannter Rapper, mit denen er befreundet ist. Ein wesentlicher Teil der Ausstellung bestand aus Fotos der 187 Strassenbande, aber auch Snoop Dogg und Rita Ora waren zu sehen.

Die Mutter von Olexesh ist Malerin. Fans des Rappers können ihr Porträt von sich schicken, die sie dann nachzeichnet.

Bei einer Auktion wurde ein Penisfoto von Tupac Shakur für 15 000 US-Dollar verkauft.

Zu Beginn seiner Karriere trat Sido in der Öffentlichkeit mit seiner charakteristischen silbernen Totenkopf-Maske auf. 2005 nahm er sie beim Bundesvision Song Contest zum ersten Mal ab.

Gzuz will es nicht beim Rappen belassen, sondern kündigte seine eigene Modemarke Gazo an. Das Logo der Modelinie ist ein Schwan.

Bonez MC und RAF Camora sind Gründer des Modelabels Team Platin. Einer der Pullover, die angeboten werden, wurde von Bonez MC entworfen, als er high war. Der andere wurde von seiner Tochter entworfen.

Bass Sultan Hengzt ist Gründer der Modelinie Amstaff. Sein Bruder führt bis heute die Geschäfte. Booba ist Gründer der Kleidungslinie Unkut Clothing und Majoe ist Gründer der Modelinie Reklezz.

Die 187 Strassenbande hat ein eigenes Brettspiel namens *Kiezkönig* rausgebracht.

Haftbefehl und seine Ehefrau Nina haben eine Anfrage von RTL erhalten, in der Sendung *Das Sommerhaus der Stars* mitzumachen. Sie haben abgelehnt.

Prinz Pi ist als Synchronstimme im Kinofilm *Planet der Affen: Survival* zu hören.

Kollegah hat mit verstellter Stimme bei Bushido angerufen und sich als Kay One ausgegeben.

Haftbefehl ist großer Fan der *Werner*-Filmreihe und kann die Stimme und den Sprachstil der Hauptfigur imitieren.

Das Filmunternehmen Constantin Film plante einen *JBG*-Film mit Kollegah und Farid Bang für Dezember 2017 und gab auf einer internen Veranstaltung einen konkreten Termin bekannt. Es wurde bereits an mehreren Versionen des Drehbuchs gearbeitet. Leider kam der Film aus verschiedenen Gründen nicht zustande.

Veysel ist vielen Fans weniger als Rapper, sondern eher als Schauspieler bekannt. Er spielte die Hauptrolle des Abbas Hamady in der Hit-Serie *4 Blocks*, die als beste deutsche Serie der letzten Jahre gilt und zahlreiche Preise erhielt. Neben Veysel bekleidete auch Massiv eine Hauptrolle. Weitere Rollen hatten die Rapper Gzuz, Eunique und Gringo.

Xatar kündigte eine Fernsehserie namens *Hazar* an. Mero sollte die Hauptrolle eines jungen Boxers verkörpern. Die Serie ist bis heute weder erschienen noch gibt es neue Infos.

Snoop Dogg hat mit *Coach Snoop* und *Reincarnated* gleich zwei Serien über sich auf Netflix.

Kollegah findet die gefeierte Netflix-Serie *Haus des Geldes* schlecht.

DCVDNS hat an der Sendung *Besieg den Beat* teilgenommen, alle Beats für schlecht befunden und ist dann einfach gegangen.

Kool Savas spricht in der 10. Folge der 11. Staffel von South Park die Figur von The Notorious B.I.G.

Massiv hat mehrere Songs mit Samples aus der Anime-Serie *Naruto*.

Bushido kündigte gleich zwei Wohnzimmerkonzerte an, die nie stattgefunden haben.

Im Jahr 2004 gab sich Kollegah unter dem Pseudonym »Young Latino« als Südamerikaner aus und veröffentlichte Spaß-Songs mit dem Image eines Latinos.

In Dardans Musikvideo »10 Euro Samsung« ist zu sehen, wie einer der Männer im Hintergrund einem anderen versehentlich dessen Sonnenbrille aus dem Gesicht schlägt. Später ist im Video zu sehen, wie er seine Brille auf dem Boden sucht. Dies scheint beim Schneiden niemandem aufgefallen zu sein.

Kollegah hat seinen Künstlernamen von seinem Stiefvater bekommen. Dieser konnte nur gebrochen Deutsch sprechen und bezeichnete Kollegah und seine Schwester deshalb als »Kollegah«, was der Rapper später als Pseudonym übernahm. Bis heute haben die beiden ein freundschaftliches Verhältnis.

Die Zahl 16 hat für viele deutsche Rapper eine besondere Bedeutung. So ergeben die Zahlen im Namen der Crew 187 Strassenbande, des Labels 385idéal und 439 des Rappers Hanybals in der Quersumme allesamt 16.

Rapper arbeiten gerne mit Abkürzungen. So sind Mero und seine Freunde Brado und Mucho Teil der QDH-Crew. QDH steht ausgeschrieben für *quatre deux huit*, was Französisch für die Zahlenfolge 428 ist. Diese steht für die letzten drei Ziffern der Postleitzahl ihrer Heimatstadt Rüsselsheim.

2018 fing Ufo361 an, einige Parts in seinen Liedern zu freestylen. Sein Album *Rich* entstand ein Jahr später komplett per Freestyle. Keine einzige Zeile auf dem Album wurde jemals von Ufo aufgeschrieben.

Capital Bra hat den Song »Nur noch Gucci« gefreestyled.

Mit Kay One und Shirin David saßen bereits zwei Rap-Künstler in der *DSDS*-Jury.

Es gibt ein Video von Farid Bang, in dem er auf dem Laufband läuft, Bizepscurls mit einer Kurzhantel macht und gleichzeitig auf Italienisch rappt.

Der russische Megastar Oxxxymoron hat Kollegah zu einem Battle herausgefordert. Obwohl es nicht seine Muttersprache ist, würde er auf Deutsch battlen.

Erst 2005 rappte RAF Camora zum ersten Mal auf Deutsch. Davor hat er nur in seiner Muttersprache Französisch gerappt.

Kollegah spricht neben Deutsch und Englisch auch fließend Französisch und hat sowohl auf Englisch als auch auf Französisch gerappt.

Auf dem Song »Soldiers« mit der englischen Crew Eurogang rappt Kollegah einen ganzen Part auf Englisch. Seine Feature-Partner haben sich wegen der Wortspiele und Punchlines kaputtgelacht.

Eko Fresh hat seinen Song »Der Beste« komplett rückwärts eingerappt. Erst wenn man den Song rückwärts abspielt, versteht man den Text.

Kool Savas hat nur den Hauptschulabschluss, gilt aber trotzdem als einer der Rapper mit dem größten Wortschatz.

In ihrem Song »Suizid« rappen PA Sports und Kianush über den Tod und beschreiben sehr explizit und bildlich fiktive Selbstmord-Szenearien. Der Song wurde verboten, da die Darstellung von Suiziden in Medien als jugendgefährdend eingestuft wird.

Im Rahmen der Antisemitismus-Vorwürfe gegen Kollegah und Farid Bang bezeichnete es der Spitzenpolitiker und Außenminister Heiko Maas als »beschämend«, dass die beiden Rapper mit dem Musikpreis ECHO ausgezeichnet werden sollten.

Mit dem Song »When the Revolution Comes« kritisierte die Gruppe The Last Poets die Partykultur und wollte so ein Bewusstsein für wichtige Themen schaffen. Biggie hat die Hook des Songs gesampled und einen Partysong daraus gemacht. Der Song namens »Party and Bullshit« ist gleichzeitig die erste offizielle Single von B.I.G. gewesen.

Der Ausruf »Akk!«, der von den 257ers etabliert wurde, hatte die meisten Stimmen bei der Wahl zum Jugendwort des Jahres 2012. Die Jury entschied sich jedoch dagegen, da man das Wort nicht kannte. Stattdessen gewann »Yolo«.

Rap ist die größte Jugendkultur in Deutschland, das wird unter anderem seit Jahren durch die Wahl des Jugendworts des Jahres bewiesen. So stammen mit »Swag«, »Yolo«, »Babo«, »Läuft bei dir«, »Fly sein«, »I bims« und »Ehrenmann« sieben der letzten acht Jugendwörter eindeutig aus dem Hiphop-Bereich.

Money Boy ist der König der Jugendworte. Den Begriff »Swag« etablierte er mit seinem Track »Dreh den Swag auf« in Deutschland. Den Ausdruck »I bims« erfand er sogar selbst, inklusive einer eigenen Twitter-Sprache, die bis heute populär ist. Diese Sprache ist inzwischen so bekannt, dass viele gar nicht mehr wissen, dass sie tatsächlich von Money Boy erfunden wurde.

Das Wort »Babo« wurde wiederum von Haftbefehl etabliert, ebenso wie das Wort »Ehrenmann« durch Bushido. Beide Begriffe gab es zwar schon vorher, erfuhren jedoch durch den jeweiligen Künstler eine gesteigerte Aufmerksamkeit und Verbreitung.

2010 verlor Kollegah sein Handy, auf dem er hunderte Punchlines gespeichert hatte. Viele von ihnen konnte er nicht mehr aus dem Gedächtnis rekonstruieren, weshalb sie für immer verloren sind.

Kanye West kündigte an, seinen Namen in »Christian Genius Billionaire Kanye West« ändern zu wollen.

In der *DSDS*-Staffel 2018 trat ein Sänger namens Diego auf, der behauptete, der Sohn von Tupac zu sein. In Wahrheit war er lediglich psychisch krank. Trotzdem war sein Auftritt so energiegeladen und sympathisch, dass er in der Show ein paar Runden weiter gekommen ist.

Kollegahs Freestylequalitäten wurden in einem Interview auf die Probe gestellt, indem er so schnell wie möglich einen Reim auf das Wort »Giraffenhalsbruch« finden sollte – in nur einer Sekunde reimte er »Zigarrenqualmduft« darauf.

Shindy benutzt auf seinem Album *FBGM* insgesamt 84 Mal das Adlib »Ah«. Wer bei jedem »Ah« ein 2 cl Pinnchen Wodka trinken würde, hätte am Ende einen Promillewert von rund 8,6! Die meisten Menschen wären schon bei Track 3 bewusstlos.

Gringos Part auf »Kuku SLS« auf Anhieb zu verstehen, ist kaum möglich. Er rappt darin auf Deutsch, Englisch, Türkisch, Arabisch, Persisch und Russisch und hat zudem noch ein Fantasiewort eingebaut, das es überhaupt nicht gibt.

Kollegah rappt auf »Selfmade Kings« er habe *»mehr Kohle als Gemüsehändler«*. Die Zeile beruht jedoch auf einem Denkfehler, da die Mehrzahl von »Kohl« ebenfalls »Kohl« ist.

Bushido würde niemals eine weibliche Rapperin signen, da diese seiner Ansicht nach nicht so gut rappen wie Männer.

»Sonnenbank Flavour« von Bushido ist das meistgecoverte Deutschrap-Lied aller Zeiten. Prinz Pi veröffentlichte eine Hommage namens »Bonzenland Flavour«, während Shiml einen Song unter dem Titel »Pennerbank Flavour« produzierte. Es gibt weitere Parodien wie »Oberstufenflavour«, »Samenbank Flavour«, »Bauernhof Flavour«, »Counterstrike Flavour« und einen Remix, der von Vodafone als Handy-Klingelton angeboten wurde.

7 Vor und nach dem Fame

RAF Camoras wichtigste Tipps für den Erfolg als Musiker sind: »1. Misch weder Religion noch Politik in deine Musik. 2. Pass auf, mit wem du Sex hast. 3. Zahl deine Steuern. 4. Pass auf mit dem Drogenkonsum. 5. Das Wichtigste: Beschreibe mit drei Worten, wer du bist. Und sei in allen drei Aspekten der Beste.«

RAF Camora lehnte einen sogenannten Endorsement-Deal in Höhe von 250 000 Euro ab. Er sollte einen Haselnuss-Schnaps bewerben, entschied sich jedoch dagegen, da er befand, dass dies seiner Karriere in Zukunft schaden könnte.

Kollegah hat sein Abitur mit einem Notendurchschnitt von 3,3 abgeschlossen und musste die 11. Klasse wegen zu vieler Fehltage wiederholen. Bonez MC wiederholte ebenfalls ein Schuljahr und schloss die Hauptschule mit 3,6 ab.

Data Luv ist in der 9. Klasse sitzengeblieben. Etwa 3 Monate später kam seine erste Single »Shot« heraus.

Juju und Nura haben vor ihrem Durchbruch als SXTN zeitweise Pfandflaschen gesammelt, um an Geld zu kommen.

MEL machte vor ihrer Rap-Karriere eine Ausbildung zur Elektrikerin, die sie trotz ersten Erfolgen mit ihrer Musik zu Ende brachte.

Farid Bang arbeitete nach seinem Realschulabschluss als Bauarbeiter, lernte im Alter von 19 Jahren jedoch Eko Fresh kennen, durch den er an seinen ersten Plattenvertrag gekommen ist.

Marteria wäre beinahe Profi-Fußballer geworden. So war er Kapitän aller Jugendmannschaften des FC Hansa Rostock. Zudem war er als Rechtsverteidiger Spieler in der deutschen U17-Nationalmannschaft. Die Fußballkarriere gab er 1999 im Alter von 17 Jahren für eine Modelkarriere auf. In New York wurde der Rapper von einem Model Scout entdeckt und begann Aufträge für Hugo Boss und Diesel anzunehmen. Sein erstes Fotoshooting fand an der Seite von Claudia Schiffer statt. 2003 kehrte er nach Deutschland zurück, um Rapper zu werden.

Kool Savas arbeitet nebenbei als A&R Director beim Schweizer Vertrieb iGroove. Die Rekrutierung von neuen Acts und Labels gehört zu seinen Aufgaben.

Der Wiener Rapper Money Boy war professioneller Basketballspieler. Der 1,98 Meter große Musiker spielte in der 2. Basketball-Bundesliga in Österreich und ist dementsprechend bis heute ein sehr guter Spieler.

Kollegah lebte zwischen 2006 und 2007 in London und war bei einem Reiseunternehmen tätig. Er sollte dafür sorgen, dass ankommende Touristen in die richtigen Reisebusse stiegen.

Hätte es mit der Musik nicht geklappt, wollte Farid Bang eine Karriere als Türsteher anstreben.

Capo betreibt neben seiner Musik eine Autovermietung für Luxus-Limousinen und Sportwagen an einer Hauptstraße in Frankfurt.

Bushido betrieb eine Zeitlang ein Aquaristik-Geschäft namens »Into the Blue«. 2016 soll dort eingebrochen worden sein, weshalb der Rapper einen Schaden von 360 000 Euro bei der Versicherung geltend machen wollte. Später musste er dafür wegen versuchten Betrugs eine Geldstrafe von 10 000 Euro zahlen.

Nimo war ein Problemschüler und besuchte bis zum 18. Lebensjahr insgesamt neun verschiedene Schulen – eine davon in der JVA Adelsheim. Trotzdem schaffte er die Mittlere Reife.

Loredana war schon vor ihrem Durchbruch ein großer Social-Media-Star. Auf der Plattform TikTok, die damals noch Musical.ly hieß, hatte sie schon vor der Rap-Karriere über 400 000 Follower. Auch auf Instagram hatte sie vor ihrer ersten Single über 350 000 Fans.

Farid Bang soll angeblich einmal als männlicher Hauptdarsteller der RTL-Sendung *Der Bachelor* im Gespräch gewesen sein. Auch eine Teilnahme an der TV-Sendung *Adam & Eva*, bei der die Kandidaten sich nackt vor der Kamera präsentieren, lehnte er eigener Aussage nach ab.

Auch Haftbefehl wurde von RTL angefragt, in einer Sendung aufzutreten. 2014 lehnte er zwei Angebote ab, bei *DSDS* einen Gastauftritt hinzulegen. Während derselben Staffel war Kay One in der *DSDS*-Jury.

Kurdo war vor seinem Durchbruch als Aushilfe bei einem Friseur in Heidelberg angestellt und soll dort seinem heutigen Rap-Kollegen Animus die Haare geschnitten haben.

Samra hat in Lichterfelde einen Friseursalon namens »Cutaleya« eröffnet. Das Geschäft befindet sich in derselben Siedlung, in der er selbst wohnt.

J. Cole machte im Jahr 2009 seinen Abschluss an der St. Johns University in New York, erhielt sein Diplom jedoch erst 2015, weil er ein Buch aus der Bibliothek nicht zurückgegeben hatte.

Bushido deutete bereits mehrfach sein Karriereende an. 2015 sagte er in seinem Song »John Wayne« wörtlich: *»Ich geh' in den Ruhestand, wenn Shindy Platin geht«*. 2016 kündigte er die Single »ROLI« von Shindy an und verwies erneut auf seine Aussage. Nach seinem Comeback 2019 deutete er außerdem an, dass er zeitweise mit dem Gedanken gespielt habe, aufzuhören.

In der Zeit als »Kokaina 2« releast wurde, hat Miami Yacine gerade sein Abitur an der Abendschule nachgeholt.

Shirin David wuchs in Hamburg auf und bewarb sich vor ihrer YouTube-Karriere dort als Verkäuferin in einem Douglas-Store.

Ihre Bewerbung wurde jedoch abgelehnt. Im Jahr 2019 schloss sie dann einen Deal mit Douglas ab, mit dem sich die Parfümerie-Kette die Verkaufsrechte an ihrem Parfüm »Made by Shirin« sicherte. Dabei sollen Millionen geflossen sein. Bevor sie den Deal mit Douglas einfädelte, verkaufte sie ihr Parfüm in einer Drogerie-Kette und online. Eigenen Angaben nach konnte sie schon damals 500 000 Einheiten absetzen und über 10 Millionen Euro Umsatz erzielen.

Hava begann kurz vor ihrer Rap-Karriere eine Ausbildung bei der Telekom. Im selben Jahr erreichte sie den Platinstatus mit der Single »Kein Schlaf«.

2017 erlangte der damals noch unbekannte Rapper Jigzaw deutschlandweite Bekanntheit, weil er einen Mann mit einer Machete angegriffen haben soll. Einige Monate später holte Kollegah ihn für eine Kaution von 40 000 Euro aus dem Gefängnis und nahm ihn unter Vertrag.

Manuellsen spricht neben Deutsch und Englisch auch sehr gut Türkisch. Nach eigener Aussage hat er es auf der Abendschule gelernt.

RAF Camora rannte im Alter von 15 Jahren von zu Hause weg und lebte von da an rund ein Jahr auf der Straße. Als er wieder zurückkam, flehte er seinen Schuldirektor an, ihn wieder an der Schule anzunehmen.

Bonez MC musste als Maßnahme des Arbeitsamts einen Gabelstaplerschein machen. Deshalb darf er heute einen Gabelstapler fahren, aber kein Auto, da er keinen Führerschein besitzt.

KC Rebell ist der Shisha-König Deutschlands. Der Essener betreibt Shisha-Bars in Köln, Hamburg und Stuttgart sowie Läden, in denen man Shisha-Zubehör kaufen kann. Außerdem besitzt er mit Hasso seine eigene Tabak-Marke.

Bushido absolvierte 2012 ein Praktikum bei der CDU und beobachtete die Sitzungen im Parlament von der Zuschauer-Tribüne aus.

Bevor MEL zu rappen begann, hatte sie sich bereits als Sängerin versucht und war in der TV-Sendung *The Voice* aufgetreten. Auch ihr Ehemann ist kein Unbekannter. Bei ihm handelt es sich um den Fußballer Florian Heister, der seit 2019 in der 2. Bundesliga kickt.

Jerry Foxhoven war bis 2019 Leiter des Bundesministeriums für Soziales in Iowa. Der Beamte wurde entlassen, weil er ein fanatischer Tupac-Fan gewesen ist und seine Mitarbeiter fast täglich mit E-Mails mit Song-Zitaten und Informationen über Tupac belästigte. Jeden Freitag hielt er Tupac-Partys im Büro ab und spielte seine Musik.

Der Rapper Mo Douzi steht bei Shindys Label Friends with Money unter Vertrag. Er war jedoch schon vorher bekannt, und zwar als Betreiber eines Bordells im Frankfurter Rotlichtmilieu. Über ihn erschienen diverse Reportagen und Berichte im Fernsehen.

Ali As hat einen Abiturdurchschnitt von 1,8 und hat ein Diplom als Fernsehjournalist des Bayrischen Rundfunks.

Enemy gilt als größtes Genie der Rap-Szene: Er machte mit 16 Jahren Abitur, beendete sein Medizin-Studium mit 23 und spricht sechs Sprachen fließend.

Viele US-Rapper starteten ihre Karrieren eigentlich als Schauspieler. So waren Tupac, Drake und Childish Gambino bereits Serienstars, bevor ihre Musik durch die Decke ging. Im Gegenzug starteten die Hollywood-Stars Will Smith und Mark Wahlberg als Rapper, bevor sie mit Filmen und Serien berühmt wurden.

Nach Angaben seines Managements TwoSides studierte Apache 207 nach seinem Abitur zwei Semester Rechtswissenschaft.

Während einer Reise nach Südamerika stieß Azet auf das Getränk »White Colombia«, das es hierzulande noch nicht gab. Da er das Getränk so sehr mochte, sicherte er sich die Vertriebsrechte für Deutschland und konnte in den ersten drei Monaten fast 1 Million Dosen verkaufen.

Azet hat eine abgeschlossene Ausbildung als Restaurantfachmann.

Tony D hat heutzutage nicht mehr viel mit seiner Musik von damals zu tun. Der 37-Jährige ist heute in einer glücklichen Beziehung, lebt in Berlin Charlottenburg und ist als Wein-Blogger tätig.

Der aus dem Videobattleturnier (VBT) bekannte Rapper Jazzter ist 2018 nach Japan ausgewandert und dort als Model und Schauspieler erfolgreich geworden. Neben Fernsehauftritten ist er auch in der japanischen Netflix-Serie *Followers* zu sehen.

Kollegah hat 2005, gerade zu Beginn seiner Rap-Karriere, bei einer Leihfirma gearbeitet und stand für 800 Euro im Monat neun Stunden täglich am Fließband.

18 Karat hat die Schule nach der 8. Klasse beendet und hat somit nur den Sonderschulabschluss.

RAF Camora musste sich zeitweise mit skurrilen Jobs über Wasser halten. Bei einem davon musste er in Tierkostümen auf der Straße stehen.

Mois hat früher einen Handyladen in der Wiener Innenstadt geführt und vergoldete Handys an Touristen aus Dubai verkauft.

Haftbefehl versuchte sich zunächst in verschiedenen Bereichen. So begann er eine Ausbildung zum Kfz-Mechatroniker, die er nach einer Woche abbrach. Später betrieb er ein eigenes Wettbüro, das nach seiner eigenen Aussage jedoch schlecht lief, weshalb er Drogen verkaufen musste, um die Miesen wieder auszugleichen.

Mero hatte vor seinem Durchbruch eine Ausbildung angefangen und vom Charteinstieg seiner ersten Single »Baller los« erfahren, als er gerade auf der Arbeit war und Arbeitsschuhe trug.

Eminem blieb dreimal hintereinander in der 9. Klasse sitzen und verließ die Schule daraufhin, um seinen Traum einer Rap-Karriere zu verfolgen.

Kollegah hat vor seiner Karriere drei Monate lang Hartz IV bezogen.

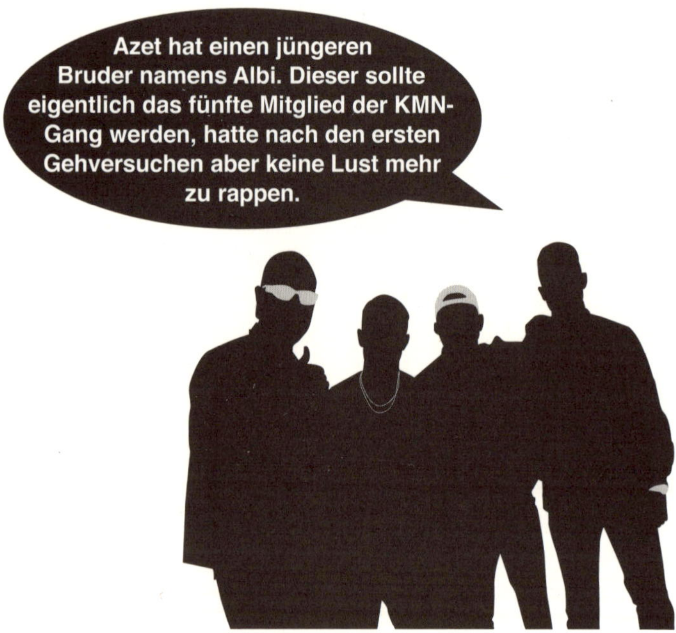

Seit Juli 2020 hat Bonez MC eine eigene Radioshow bei KissFM.

Kontra K ist ab und an als Box-Experte beim Sender Sport 1 zu sehen.

Obwohl er zehn Schuljahre absolviert hat, kann Mero kein Englisch. Seine beste Note in dem Fach war eine Vier.

Kollegah war neben seinem Abitur kurzzeitig als Übersetzer tätig, ließ diese Tätigkeit jedoch ab 2003 ruhen.

RAF Camora würde eher Müllmann werden, bevor er in die Politik geht.

Zeitweise hielt sich das Gerücht, dass Apache 207 nach seinem Abitur eine Ausbildung als Kfz-Mechaniker angefangen haben soll und diese nach anderthalb Jahren abbrach. Dies erwies sich jedoch als falsch.

Ali Bumaye betrieb kurzzeitig sein »Café ohne heulen«. Nach dem Platinhit »Sex ohne Grund« schloss er das Café aber wieder, um sich nur noch mit Musik zu beschäftigen.

Bushido hatte im Fach Politische Weltkunde 0 Punkte auf dem Zeugnis.

Kollegah ist Synchronsprecher der Figur Remy Neltz, einem Drogendealer im Videospiel *Battlefield Hardline*. Auch die 257ers und Rockstah sprechen kleine Nebenrollen in dem Videospiel.

Nicht immer stammen deutsche Rapper aus bildungsfernen Schichten. Shindy und SSIO haben BWL, Soufian Informatik, Eno Bauingenieurswesen und Xatar International Business studiert. Kollegah, Majoe und Kappa von Genetikk waren außerdem alle als Jura-Studenten eingeschrieben.

Dennoch gibt es auch Rapper ohne Schulabschluss. Kay One, Haftbefehl und Fler haben die Schule nicht beendet und sind trotzdem Millionäre geworden. Nate57 schmiss die Schule ebenfalls wegen seines frühen Durchbruchs, holte seinen Realschulabschluss später aber auf der Abendschule nach.

Al-Gear hat auch keinen Schulabschluss.

Capital Bra brach die Schule nach der 9. Klasse ab.

Kollegah hat früher an einer Tankstelle in Simmern im Hunsrück für 5,50 Euro die Stunde gearbeitet.

Baba Saad behauptete einmal, auch ohne das Rappen 100 000 Euro im Monat zu verdienen. Woher das Geld kommt, erklärte er nicht. Bekannt ist lediglich, dass er zwei Geschäfte im Libanon sowie ein Feinkostgeschäft in Deutschland betreibt.

RAF Camora hat in seiner Jugend Kokain, LSD und Ecstasy verkauft. Auch Diebesgut wie geklaute Fahrräder hat er zu Geld gemacht.

Bis zum Release von *Sampler 4* ist Sa4 noch nebenbei arbeiten gegangen. Zeitweise war er auch auf dem Bau tätig.

Mit 22 Jahren hat der Stuttgarter Dardan sein eigenes Label Hypnotize Entertainment aufgebaut und mehrere goldene Schallplatten eingeheimst. Bevor er jedoch als Rapper seine Brötchen verdiente, war er als Bäcker in der Bäckerei seiner

Eltern tätig. Eine Woche, nachdem er gekündigt hatte, erschien sein Hit »Wer macht Parra«.

RAF Camora hat ein Studium in Music Engineering am SAE Institut in Wien abgeschlossen.

Kontra K war parallel zu seiner Musikkarriere noch für lange Zeit als Industriekletterer tätig und führte spezielle Reparaturarbeiten an Hochhäusern in ganz Europa aus. Bis heute hat er eine eigene Firma in dem Bereich, die weiterhin sehr gut läuft und ihm immer ein zweites Standbein bietet.

Summer Cem spielte in einer Werbekampagne für McDonald's mit.

Plusmacher ist der erste Rapper gewesen, der legal ins Cannabis-Geschäft eingestiegen ist. Über einen in der Schweiz angemeldeten Shop verkauft er Marihuana im Internet.

Hustensaft Jüngling verdiente mit seiner Musik im Jahr 2016 insgesamt 60 000 Euro. Zu diesem Zeitpunkt war er noch in der Schule.

Bausa war eigenen Erzählungen zufolge obdachlos und lebte zeitweise in einer Lagerhalle. Seine Musikkarriere startete er, indem er Drogen verkaufte und ein Mikrofon klaute. Haftbefehls kleiner Bruder Capo entdeckte ihn dann.

Sido hat eine Ausbildung zum Erzieher begonnen, diese jedoch wegen seiner Rap-Karriere nicht zu Ende gebracht.

Abdi besitzt acht Shops in seiner Heimat Marokko. Darin werden gefälschte Klamotten und vor allem Nike-Schuhe verkauft.

Nura war vor über zehn Jahren Mitglied der Band The toten Crackhuren im Kofferraum, damals jedoch nicht als Rapperin, sondern als Tänzerin. 2008 begleiteten sie K.I.Z als Vorgruppe auf Tour.

Yung Hurn hat die Schule frühzeitig abgebrochen.

Mitte der 2000er wurde ein deutscher Junge zum Internetphänomen. Das Unreal Tournament Kid dürfte jedem ein Begriff sein. Selbst international ist das Video, in dem der Junge seinen Computer anschreit und dabei seine Tastatur zertrümmert, viral gegangen. Mehr als zehn Jahre später tauchte der heute 29-Jährige wieder auf und präsentierte seine Entwicklung: Aus dem dicken Jungen ist ein gestandener Mann geworden, der Bodybuilding betreibt und aus 110 Kilo Muskelmasse besteht. Unter dem Künstlernamen Hercules brachte er in den letzten Jahren zudem Beats und eigene Rapsongs raus.

Flipstar von Creutzfeld & Jakob ist heute als Neurochirurg tätig.

Wolfgang Bahro spielt seit 1993 in der RTL-Soap *GZSZ* mit und hat dort in über 7000 Folgen die Rolle des Jo Gerner verkörpert. Zudem ist er im Musikvideo »EFH« von Shindy zu sehen.

KC Rebell ist durch seine Hasso-Deluxe-Box Deutschlands größter Produzent für Shisha To-Gos geworden. Mit 25 000 verkauften Einheiten wurde er auf einen Schlag Marktführer.

Marteria hat eine Kleidermarke namens Backtogreen gegründet, die Kleidung aus recyceltem Ozeanmüll herstellt.

Finch Asozial gilt als asozialster Rapper Deutschlands, hat aber ein abgeschlossenes Studium in Elektrotechnik.

Aimo Brookmann war Mitte der 2000er als Rapper Taichi bekannt. Heute betreibt er ein Musik-Netzwerk, das unter anderem die YouTube-Kanäle von Bushido, Capital Bra und der 187 Strassenbande vertritt.

Bushido und Fler sammelten auch Berufserfahrungen neben der Musik. Beide begannen eine Ausbildung als Maler und Lackierer und lernten sich dort kennen. Anders als Bushido hat Fler die Lehre allerdings nicht zu Ende gemacht. Neben der Arbeit betätigten sich die beiden als Sprüher und waren in der Graffiti-Szene in Berlin sehr prominent.

Shindy ist der erste deutsche Rapper auf dem Cover des Männermagazins GQ und verfügt über ein Vermögen von mehreren Millionen Euro. Bevor er zum Superstar wurde, jobbte er im Alter von 16 Jahren bei McDonald's und studierte später BWL, bis er seinen Entdecker Kay One kennenlernte.

Olexesh sammelte vor seiner Vertragsunterschrift bei 385idéal Erfahrungen im Fast-Food-Bereich. Der gebürtige Ukrainer belegte Sandwiches in einer Subway-Filiale in seiner Heimatstadt Darmstadt.

Bonez MC hat vor seinem Durchbruch als Rapper Drogen verkauft und eigenen Angaben nach 3000 Euro im Monat durch Weed verdient.

Eno kann nach eigener Aussage sieben Sprachen fließend sprechen und studierte zu Beginn seiner Rap-Karriere noch Bauingenieurwesen, weil er damals der Ansicht war, als Bauingenieur mehr zu verdienen als mit Musik.

Boonkgang wurde vor einigen Jahren als Skandal-Rapper bekannt. So filmte er sich beim Sex, klaute Gegenstände und sogar einen Hummer vor laufender Kamera und geriet immer wieder in Schlägereien. Nachdem ihm alle Zähne ausgeschlagen worden waren, wählte er einen anderen Weg und suchte sich einen bodenständigen Job als Handwerker. Dort verdient er etwa 50 US-Dollar Stundenlohn, was er als Rapper nie erreichen konnte.

KC Rebell war Inhaber eines Call-Centers.

Jamule beendete seine Schullaufbahn bereits nach der 10. Klasse und begann eine Ausbildung als Kaufmann im Groß- und Außenhandel. Diese brach er nach nur einem Jahr ab und jobbte fortan in verschiedenen Nebenjobs, unter anderem als Barkeeper.

In einem kaum bekannten Freestyle von 2004 erklärte Kool Savas, dass er sich zugunsten der Musik gegen eine Ausbildung zum technischen Zeichner entschieden hat.

Orgi69 hat neben seiner Rap-Karriere eine Karriere in der Pornobranche und produziert Schmuddelfilme in Prag.

Haftbefehl will nach seinem Karriereende ein Steakhouse eröffnen.

Kollegah hat in Aussicht gestellt, irgendwann als Bundeskanzler kandidieren zu wollen.

8 Von Fans und Fanatikern

Ein Fan von Kontra K hat sich den gesamten Text von dessen Song »Erfolg ist kein Glück« über den gesamten Rücken tätowiert.

»Bonnie und Clyde« von Mozzik und Loredana war laut Bayern-Star Alphonso Davies der erste deutsche Song, den er öfter gehört hat und mitsingen kann. Sein Lieblingssong auf Deutsch ist aber »Roller« von Apache 207.

Mert ist Fan von Fenerbahçe Istanbul.

Laas veröffentlicht 2010 den Kollegah-Disstrack »Fick dich Felix«. Kollegah reagierte, indem er ein Frauen T-Shirt mit der Aufschrift »Fick mich Felix« rausbrachte.

Favorite und PA Sports haben 2005 als Jugendliche Beef gehabt und Disstracks veröffentlicht, die bis heute online sind. Pa war damals erst 15 Jahre alt.

Play69 und Miami Yacine sind heutzutage erbitterte Feinde. Vor ihrem Durchbruch waren sie befreundet und öfter zusammen im Studio. Die Dortmunder haben auch ein Feature namens »Ticker und Kunden«.

Capital Bra hat einmal eine ganze Palette Capri Sonne mit 2600 Päckchen gekauft, um sie auf Tour an seine Fans zu verteilen.

Twitch-Streamer MontanaBlack hat 1000 Euro für ein originalverpacktes *Carlo Cokxxx Nutten*-Tape von 2002 bezahlt.

Roberto Escobar, der Bruder des verstorbenen Drogenbarons, Drogenschmugglers und Terroristen Pablo Escobar, hört die Musik von Veysel.

Lil Xan erklärte in einem Interview, dass er die Musik von Tupac langweilig findet. Wenige Tage später musste er in ein Geschäft flüchten und auf die Rettung durch die Polizei warten, da ihn aufgebrachte Fans mit Messern gejagt haben.

Um ihn zu demütigen, hat Farid Bang die Kaution für seinen Feind MOK bezahlt, nachdem dieser im Knast gelandet war.

Als Tupac ermordet wurde, brach Snoop Dogg zusammen und verließ einen Monat lang sein Haus nicht mehr.

Als Nas vom Tod Tupacs hörte, unterbrach er sein gerade laufendes Konzert und hielt eine Schweigeminute ab, obwohl die beiden jahrelang Beef hatten.

Bonez MC hat eine fanatische Stalkerin, die die Handynummer seines Fotografen herausgefunden hat und diesem seit Monaten fast täglich schreibt, um nach Kontakt zu Bonez zu fragen.

Panda-Rapper Desiigner musste seinen Auftritt auf dem Open Air Frauenfeld abbrechen, weil hunderte Fans die Bühne gestürmt haben.

Bushido traf laut seiner Biografie auf den US-Rapper Lloyd Banks, der damals noch eng mit 50 Cent befreundet war, und soll ihm ins Gesicht gesagt haben, dass Berlin seine Heimatstadt New York in den »A**ch f*cken« würde.

Das war nicht das erste Mal, dass Snoop Dogg eine Absage eines deutschen Rappers erhalten hat. Bushido lehnte dessen Angebot ab, als Vorgruppe auf Snoop Doggs Tour aufzutreten. Er erklärte, dass er sich Bestätigung aus dem Fakt holt, dem US-Rapper einen Korb erteilt zu haben.

Farid Bang hatte eine Zeit lang RIN als Profilbild bei WhatsApp.

DMX feiert die Musik von Kianush und hat ihn in einer privaten Instagram-Nachricht als den »deutschen DMX« bezeichnet.

Kool Savas ist Hello-Kitty-Fan und hat eine Shisha mit dem Logo der fiktiven Katze aus Japan.

Bonez MC ist Fan von Cartoon-Pornos und postet oft Zeichnungen pornografischer Natur.

Farid Bang hat RAF Camora nach seinem ersten Album im Jahr 2008 angeschrieben und ihm erklärt, dass seine Musik »unglaublich« sei.

Der Fußballstar Pierre-Emerick Aubameyang ist Fan von Capo.

Der Musikexpress hat analysiert, welcher Rapper am häufigsten Mütter beleidigt. Platz 1 und 2 belegen Farid Bang und dicht dahinter Kollegah mit jeweils um die dreihundert Beleidigungen in ihren Texten.

Al-Gear rächt sich in seiner Video-Reihe *Da Vinci Code* mithilfe von komplexen Plänen an Rappern, die ihm schaden wollten. Sein erstes Opfer verließ laut seinen Angaben nach den Videos sogar das Land und lebt heute in der Türkei.

Al-Gear und Kollegah sollen im Jahr 2017 im Zuge des Beefs mit Bushido von 50 Männern auf der Fitnessmesse FIBO angegriffen worden sein.

Eko Fresh und Kool Savas hatten den wohl längsten Beef der Geschichte. Erst 15 Jahre nach dem Disstrack »Das Urteil« verzieh Savas seinem ehemaligen Rivalen öffentlich.

Das Album *Asphalt Massaka 3* soll angeblich das Album mit den meisten Disses gegen deutsche Rapper sein. Farid Bang erwähnt auf dem Langspieler insgesamt 35 Namen von Rappern, darunter Sido, Fler, Nazar, Silla und Sierra Kidd.

Capital Bra und Samra haben mit fast jedem großen deutschen Rapper zusammengearbeitet. Lediglich mit Kay One schlossen sie ein Feature kategorisch aus.

Aus Respekt vor der KMN-Gang will KC Rebell niemals das Wort »Mon Ami« in seinen Tracks benutzen, da die Dresdner Crew es seiner Ansicht nach zuerst geprägt hat.

Franck Ribéry ist bekennender Fan von Kurdo und Bonez MC.

Trotz des Streits mit ihm gibt Bonez MC zu, dass Flers Song »Check mich aus« für ihn einer der besten Deutschrap-Songs überhaupt ist.

Kevin-Prince Boateng spielte den Song »Gib ihm« von Shirin David häufiger in der Umkleidekabine, während er beim FC Barcelona unter Vertrag stand.

Marcus Prinz von Anhalt drohte jedem eine Klatsche an, der sich mit dem Hamburger Rapper AchtVier anlegt.

Fast zwei Jahre, nachdem der EGJ-Sampler *4* eigentlich erscheinen sollte, tauchte ein Leak aus dem Album im Netz auf. Darin ist ein Diss von Samra gegen Kollegah und Farid Bang zu hören. So rappt der Berliner darauf unter anderem: *»Ich kann kein Boss und kein Banger sehen, ich will dich an dem Schopf in den Keller nehmen, dein Kopf auf meinem Teller sehen.«*

Nachdem JuliensBlog ihn gedisst hat, hat PA Sports seine Antwort, den Disstrack »Oh Julia«, in nur neun Stunden geschrieben, aufgenommen und veröffentlicht.

Gzuz hasst es, gefilmt zu werden. So existiert eine Videoaufnahme, in der er einem Fan das Handy aus der Hand tritt, während er ihn filmt. Einem weiblichen Fan verpasste er eine blutige Nase, weil er dachte, dass sie ihn filmen würde. Die beiden einigten sich auf eine Entschädigungszahlung von 500 Euro und lebenslange Aufnahme auf die Gästeliste bei seinen Konzerten.

MoTrip hat sich fünf Jahre später bei Farid Bang entschuldigt, weil er 2012 einen Disstrack von Fler gegen ihn geschrieben hat.

Gzuz hat einem Polizisten verweigert, ein Foto mit ihm zu machen, nachdem er von ihm angehalten wurde.

Nachdem die DFB-Auswahl die U21-EM in Russland gewinnen konnte, haben die Spieler den Song »Generation Kanack« von Manuellsen und Haftbefehl auf dem Rückflug gepumpt. Mit dabei waren unter anderem Serge Gnabry, Davie Selke und Thilo Kehrer.

Blokkmonsta hat Marcus Staiger k. o. geschlagen, weil er sein Album in einer Besprechung verrissen hat. Trotzdem sind die beiden privat befreundet.

Money Boy ist für Bushido wegen seines Auftritts beim Sender JoyceTV eine »Legende«.

Ein weiblicher Fan hat sich einmal bei Eunique beschwert, weil sie ihren Freund abgeschleppt hat.

AK Ausserkontrolle hat sein eigenes Album *Auf Staat sein Nacken* aus einer Saturn-Filiale geklaut.

Kay One beschreibt Kendall Jenner als seine Traumfrau.

Nach Angaben von Eko Fresh verfolgen drei bekannte Rapper regelmäßig die Instagram Story seiner Frau.

MOK hat einen Kollegah-Fan angezeigt, nachdem dieser ihn auf Instagram beleidigt hat. Kollegah hat sämtliche Anwaltskosten des Fans übernommen.

Bushido und Sun Diego lieferten sich 2017 ein Chart-Battle um den ersten Platz, infolgedessen die Facebook-Seite des Berliners von Sun-Diego-Fans gestürmt wurde. Bushido konnte vor Sun Diego auf Platz 1 charten. Der Osnabrücker stichelte kurz darauf ein wenig gegen seinen Kontrahenten und meinte, dass er auf der Eins wäre, wenn seine Box nur 5 Euro teurer gewesen wäre. Jahre später haben die beiden ihre Differenzen beigelegt und sich inzwischen angefreundet.

2feels veröffentlichte einen Lovesong für Nura. Sie reagierte mit den Worten: »Oh mein Gott, ist das süß, ich schmelze!«

Manuellsen hatte Beef mit Willi Weitzel, dem Moderator der Sendung *Willi wills wissen*.

Schon als Bushido und Fler noch befreundet waren, gerieten sie ständig aneinander. So haben sie während eines Interviews angefangen sich zu streiten und sich vorgeworfen, ihren Style bei Amis beziehungsweise bei Franzosen zu kopieren.

Farid Bang war im Alter von 16 Jahren Gast in der *Oliver Geissen Show*, in der ihm eine damalige Freundin gestand, dass sie in ihn verliebt sei und mit ihm zusammen sein möchte. Der junge Banger fing an zu grinsen und lehnte ab.

Gregor Gysi ist der Lieblingspolitiker von Haftbefehl.

Bonez MC erklärte, dass Katja Krasavice für ihn »das Letzte« sei.

Bundestrainer Joachim Löw ist bis heute die einzige Person, die Luciano gedisst hat. Grund dafür war der Rauswurf von Jerome Boateng aus dem DFB-Team.

Thierry Henry hat Hanybal auf eine private Feier eingeladen. Wie der Kontakt zustande kam, wurde nie geklärt.

Grünen-Politiker Cem Özdemir ist Fan von Eko Fresh und promotete dessen Album *König von Deutschland*, das er sich auch selbst gekauft hat.

CSU-Politiker Horst Seehofer erklärte, dass er sich privat manchmal Songs von Bushido anhöre und gerne mitrappe.

Sentino hat auf Facebook Features für 1500 Euro verkauft. Veysel machte sich daraufhin über ihn lustig. Dadurch entstand der

Begriff »Sentino broke«, der ab und zu in Deutschrap-Songs zu hören ist.

Fler war privat mit Rammstein-Sänger Till Lindemann befreundet. Als sie sich zerstritten haben, schrie Fler ihn am Telefon an: »Ich werde dich f*cken!«

Kay One ist mit dem Hauptdarsteller der Netflix-Serie *El Chapo* befreundet, da dieser regelmäßig seine Musik postet.

Xatar ist Fan des Satirikers Volker Pispers.

Nicki Minaj hat auf Twitter ein Herz-Emoji an Azet und Zuna geschickt, nachdem die beiden auf ihrer Welttournee als Vorgruppe aufgetreten waren.

Casper hat eine Featureanfrage von Sido und Kool Savas abgelehnt.

Farid Bang lehnte eine Anfrage von Bushido ab, mit ihm *CCN3* aufzunehmen.

Micaela Schäfer findet Bushido wegen seines Bad-Boy-Images attraktiv. Außerdem kennt sie Kay One privat und meint, dass er ein netter Typ sei. Wie sie sagt, würde sie sich einen Dreier mit ihnen wünschen.

Visa Vie sprach in ihrer Sendung *Irgendwas mit Rap* rund anderthalb Stunden mit Capital Bra. Gegen Ende der Radio-Sendung schlug sie vor, den Track »Kennzeichen B-TK« von King

Khalil abzuspielen. Capital hielt dies jedoch für keine gute Idee und bat Visa Vie darum, lieber einen anderen Song zu nehmen.

Farid Bang und Kollegah lernten sich am Bahnhof in Düsseldorf kennen. Der Banger verließ gerade die Spielothek, sah Kollegah und fragte: »Ey, bist du nicht Kollegah?« Der Boss-Rapper entgegnete darauf: »Bist du nicht Farid Bang?« Kurz danach besuchten die beiden zum ersten Mal gemeinsam eine Party und trafen einen Rapper, mit dem Farid zu der Zeit Beef hatte. Die beiden haben ihn laut Farid gepackt und zwangen ihn vor laufender Kamera zu sagen: »Ich bin der größte Farid Bang-Fan!«

Fußballer Mario Balotelli bezeichnete Katja Krasavice auf Twitter als »famegeile Bitch«, weil er sie angeschrieben hatte, als er in Frankfurt war, und sie die Nachricht einfach veröffentlicht hat.

Vanessa Mai ist die einzige Musikerin, die jemals von RAF Camora gedisst wurde.

Usher teilte ein Video in seiner Story, in dem Gzuz zu dessen Hit »Yeah« ausrastet und mitsingt.

Ein Journalist der *Rheinischen Post* bezeichnete Capital Bra und dessen Fans wegen seines Songs »Neymar« als weich und meinte, dass man keine Angst vor ihnen haben müsse, da alles außer Vanille- und Erdbeereis »viel zu hart« für sie sei. Nachdem Capital Bra den Bericht geteilt hatte und einige Fans darauf reagierten, kritisierte der Journalist den Rapper für seinen

»Hetzaufruf« und hatte Angst vor den angeblich so weichen Fans von Capital Bra.

Dieter Bohlen kündigte ein Album namens *DB1* an. Sowohl der Titel als auch das Coverdesign waren an *CB6* von Capital Bra angelehnt. Später benannte Dieter Bohlen das Album dann doch lieber in *Dieter feat. Bohlen* um.

Bonez MC hat sich mehrfach an das in Hamburg lebende Model Sylvie Meis rangemacht und versucht, sie zum Eisessen einzuladen.

Fußball-Legende Ronaldinho ist Fan von Luciano.

Nach seiner Aussage, Tupac wäre langweilig, und dem daraufolgenden Aufschrei der Fans, spielte Lil Xan während eines Konzerts den Song »California Love« von Tupac, um sich bei den aufgebrachten Fans zu entschuldigen und ihm seinen Respekt zu erweisen.

Oliver Marquardt und Skinny von *Rap.de* haben einen Disstrack gegen Kollegah und Farid Bang veröffentlicht. Der Song mit dem Titel »Vergeltungsschlag« war allerdings nur ein Scherz und ging am 1. April online.

Juju ist laut Kool Savas die beste Rapperin Deutschlands.

Am 15. Februar 2019 haben sich Kollegah und Kool Savas zum ersten Mal nach elf Jahren persönlich getroffen und sich dort nach langem Streit die Hand gereicht.

2019 veröffentlichte Fler den Song »Suizid« mit einem Feature-Part des US-Rappers Smokepurpp. Als Smokepurpp ein Jahr später in einem Interview auf den Song angesprochen wurde, wusste der weder wer Fler ist noch wie der Song heißt oder wie er entstanden ist. Fler musste auf seine Genugtuung nur zwei Wochen warten: Das neue Album von Smokepurpp floppte und verkaufte sich nur 5000 Mal.

Farid Bang meint, er würde in einem Beef gegen Capital Bra und Samra gewinnen.

Mesut Özil und seine Ehefrau Amine, ein türkisch-schwedisches Model, sind bekennende Fans von Mero.

MMA-Legende Conor McGregor hat den nach ihm benannten Song von Azad in seiner Story geteilt. Er ließ sich den Text ins Englische übersetzen und teilte später auch Teile des Textes in seiner Story.

TikTok-Star Michelle Melody behauptet vehement, während eines Urlaubs in Barcelona etwas mit Mero gehabt zu haben.

US-Produzent Timbaland ist Fan von Mudi und kommentiert manchmal seine Bilder bei Instagram.

Toni Kroos hat einmal folgenden Hate-Kommentar an Capital Bra geschrieben: »Hab Benzema deine Tracks gezeigt. Soll dir ausrichten: Alles großer Mist.« Der Kommentar entstand jedoch im Rahmen der Sendung *Late Night Berlin* und war nur ein Scherz.

Hiphop-Urgestein Torch sollte eigentlich einen Feature-Partim Song »Wasser« von Fatal haben. Zwei Tage vor Release sprang er jedoch ohne Erklärung ab. Bonez MC konnte das überhaupt nicht nachvollziehen und disste die Hiphop-Legende als »Vogel«. Danach half er seinem Kumpel Fatal aus und machte in kürzester Zeit einen Part für den Song.

Bevor sie sich vertragen haben, bestand ein wesentlicher und wiederkehrender Teil von Kollegahs Live-Shows daraus, dass das Publikum den Satz »Fler ist ein Hurensohn!« ruft.

Im Video zu »100 Bars« von Farid Bang aus dem Jahr 2015 ist ein versteckter Diss gegen Bushido zu sehen. In einem kurzen Frame sitzt ein Mann mit einer Ratte in der Hand auf dem Boden. Der Mann hat dasselbe Tattoo auf der Hand wie Bushido. Mehr als zwei Jahre hat es gedauert, bis der Diss offiziell bestätigt wurde.

Capital Bra hat Bushido auf dem Beat von »Sonnenbank Flavour« gedisst. Dieser wurde von Bushido selbst produziert.

Nura findet, dass der Song »Nautilus« von Shindy die »größte Drecksrotze der Erde« ist.

2013 erschien das Video zu »Wer wir sind« von Bonez MC und Gzuz. Während Bonez MC in seinem Part die Zeile *»Alle metrosexuell und machen Fotos von ihren Muskeln«* rappt, ist im Video für einen einzigen Frame als versteckter Seitenhieb ein Foto von Kollegah zu sehen gewesen. Auch sonst hat der Hamburger nicht allzu viele Sympathien für Kollegah übrig. So verfasste er 2014 einen Facebook-Post zu dem Alpha-Music-Chef und machte sich sarkastisch darüber lustig, dass er sich für Fotos schminken würde und er »definitiv NICHT zu wenig IlluminatenDokus geguckt« hätte.

Sängerin Lena Meyer-Landrut ist Fan von Ufo361.

Die *Bild* bezeichnete Kollegah und Farid Bang nach dem ECHO-Skandal als »Dumm und Dümmer«.

Im März 2018 erklärte Animus, einen Bushido-Disstrack geschrieben zu haben, der im Falle eines Disses rauskommen könnte. Zweiundzwanzig Monate später brachten die beiden als Kollabo-Partner das Album *CCN4* raus.

2010, lange bevor sie sich kannten, hörte Bonez MC den Song »Was ich will« von RAF Camora und wollte aufhören zu rappen, weil er nicht verstehen konnte, dass so ein Künstler keinen Erfolg hatte. Das sollte sich Jahre später bekanntlich ändern.

Der Fußballer und Hobbyrapper Kevin-Prince Boateng hat Ufo361 eine Feature-Anfrage geschickt, aber keine Antwort bekommen.

Der Veranstalter eines Fler-Konzerts in Düsseldorf hat Fler ohne Grund abgesagt. Der Berliner ist daraufhin für seine Fans einfach vor der Location aufgetreten, ohne Geld zu nehmen.

Der britische Musikproduzent Jonas Blue, dessen Songs mehrere Milliarden Klicks auf YouTube haben, hat Luciano öffentlich um eine Zusammenarbeit gebeten.

Farid Bang stand auf dem Konzert eines französischen Rappers zufällig neben Curse, nachdem er ihn gedisst hatte.

Kylie-Jenner-Ex Tyga hat einen Korb von Shirin David bekommen.

Bonez MC und Apache 207 sind privat befreundet. Auf musikalischer Ebene hält der Hamburger den Sound von ihm jedoch für zu unterschiedlich von seinem, weshalb er kein Feature mit Apache machen würde.

US-Rapstar Fetty Wap postete seine Party-Playlist auf Spotify. Überraschenderweise fand sich darin auch ein Deutschrap-Song wieder: »Nur noch Gucci« von Capital Bra!

Jigzaw hat versucht, das 19-jährige Model Cheyenne Ochsenknecht, die Schwester des Schauspielers und Sängers Jimi Blue Ochsenknecht, nach Istanbul einzuladen, und bekam einen Korb von ihr.

Kay One ist privat mit Paris Hilton befreundet. Ihr fester Freund kommt aus dem Schwarzwald und ist ein Kumpel des Rappers.

Nachdem ein Video von Xavier Naidoo in Umlauf kam, in dem er fremdenfeindliche Tendenzen erkennen lässt, löschte Credibil seinen Song mit dem Sänger.

»Olabilir« ist gleichzeitig das Musikvideo mit den meisten Likes (2,2 Millionen) und den meisten Dislikes (220 000).

Jaden Smith, der Sohn von Will Smith, hat sich neben der Schauspielerei als Rapper versucht und wollte mit Cro zusammenarbeiten.

Ein Fan hat sich den Künstlernamen von QDH-Rapper Brado in den Arm geritzt. Der Rüsselsheimer bot dem offensichtlich kranken Fan seine Hilfe an und appellierte an seine Fans, sich nicht selbst zu verletzen und sich bei mentalen Problemen Hilfe zu suchen.

»Gamechanger« war die zweite Single, die im Zuge von JBG3 veröffentlichte wurde. Zu diesem Zeitpunkt der Promophase wurde immer deutlicher, dass gegen Bushido geschossen wird. Einen offenen Diss gab es bis dahin aber noch nicht, nur einige versteckte Hinweise auf den EGJ-Chef, die die Spannung weiter steigerten. Im Musikvideo haben Kollegah und Farid Bang ein paar visuelle Anspielungen untergebracht. So war in einer Szene ein schwarzer Spiegeltisch zu sehen, auf dem drei Linien Koks lagen. Damit spielten die beiden auf *CCN3* und somit auch auf Bushido an. Farid Bang erklärte Jahre später, dass Hinweise dieser Art tatsächlich geplant waren und Kollegah sich die meisten ausgedacht hatte.

Seyed hat sich über die Chartplatzierung von Gent lustig gemacht, da er »nur« auf Platz 30 einstieg. Einige Monate später schlug das Karma zu, da er selbst auf Platz 32 einstieg – und Gent sich nun wiederum über ihn lustig machen konnte.

YouTuber Tanzverbot ist privat mit Sido und Samra befreundet. Bei ihrem ersten Treffen durfte er den Lamborghini Urus von Samra fahren – und wurde innerhalb von fünf Minuten von der Polizei angehalten.

Conor McGregor forderte einen Kampf gegen 50 Cent, weil der Rapper ihn penetrant auf Social Media beleidigte.

US-Internetstar Bhad Bhabie traf sich bereits mit Soufian und mit Badmomzjay. Beide Male kam es weder zu einer Zusammenarbeit noch wurde erklärt, wieso die Treffen stattgefunden hatten.

Der französische Superstar RK brachte einen Song namens »Cataleya« raus und ließ sich darin spürbar von Samras Hit inspirieren. Nachdem es daraufhin zu viel Hate gab, nahm er die Single wieder offline.

Loredana mag keinen einzigen Song von Shirin David.

Capital Bra und Samra sind Schlagerfans und singen manchmal Schlager im Auto.

Im Musikvideo »Alphagenetik« von Kollegah befindet sich ein besonders dezenter Diss gegen RIN. Am Ende des Videos schießt er ein Fabergé-Ei mit einem Gewehr ab. Wenige Wochen vorher hatte der Bietigheimer einen Song namens »Fabergé« veröffentlicht. Da er bekannt dafür ist, gegen Kollegah zu sticheln, war dies sehr wahrscheinlich die Antwort des Düsseldorfers.

Farid Bang hat während der ECHO-Verleihung 2018 einen Song auf der Bühne gespielt, in dem die KMN-Gang gedisst wird. Die Dresdner saßen im Publikum.

Nimo hält Kollegah für ein Genie.

Helene Fischer, Marius Müller-Westernhagen und viele weitere Musiker gaben ihre ECHO-Awards zurück, nachdem Kollegah und Farid Bang trotz der Antisemitismus-Vorwürfe mit einem Preis ausgezeichnet wurden. Infolge der anhaltenden Kritik wurde die Verleihung des wichtigsten deutschen Musikpreises eingestellt.

Gent behauptet, dass Manuellsen ihn signen wollte. Der Mülheimer äußerte sich mehrfach negativ zu dessen Musik, was Gent mit seiner Absage bei Manuellsen in Verbindung bringt.

In der *JBG3*-Box wurden zwei Mercedes C63 AMG an die Fans verlost. Nur wenige Tage, nachdem der erste Fan seinen Wagen erhalten hatte, wurde er von einem Autohaus für 70 000 Euro im Internet angeboten und tatsächlich verkauft.

RAF Camora hat einem Fan seine Nike Air Force One geschenkt. Einen Tag später wurden die Schuhe für 12 000 Euro im Internet angeboten.

Kollegah hat sich während seines Beefs mit Samarita kurzzeitig die Rechte an dessen Künstlernamen gesichert.

Summer Cem ist laut Farid Bang der beste Rapper Deutschlands.

Trotz seiner Differenzen mit Bushido hat Bonez MC eine private Nachricht an Animus geschrieben und ihm zu CCN4 gratuliert.

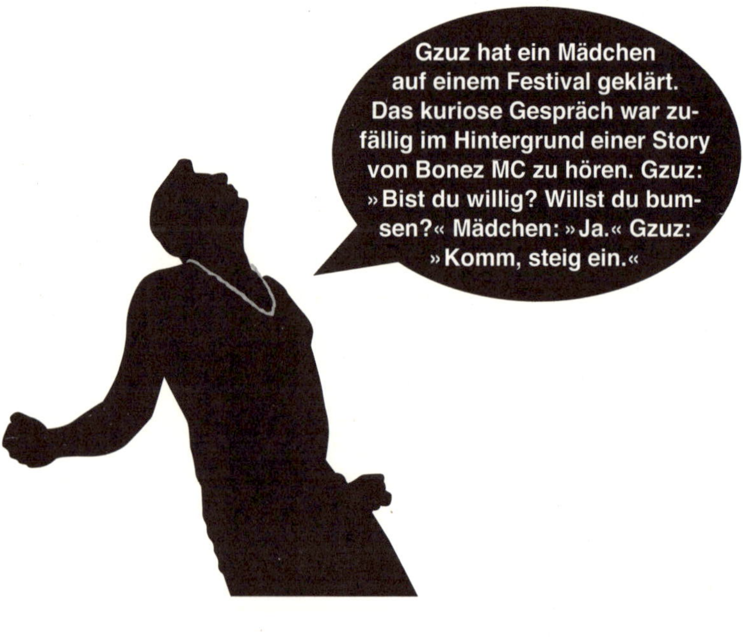

Bushido wurde über hundertmal auf *JBG3* gedisst. In jedem der 17 Songs befindet sich eine Zeile gegen ihn.

Bis Juli 2019 hatten erst zwei deutsche Rapper mehr als 2 Millionen Instagram-Likes. Ein Jahr später waren es bereits neun.

Haftbefehl-Signing Soufian hat Mero bereits vor seinem Durchbruch gepusht und sagte seinen Erfolg voraus, als er weniger als 50 000 Follower auf Instagram hatte.

Letztes Jahr machte das Gerücht die Runde, das Gzuz ausgewandert sei. Später wurde bekannt, dass Bonez MC das Gerücht gestreut hat, um sich einen Spaß mit den Fans zu erlauben.

Ein Polizist zog Bonez MC aus dem Verkehr, um ihm zum Release der Gzuz-Single »Donuts« zu gratulieren. Im Video des Songs geht es hauptsächlich darum, dass ein Polizeiwagen zerstört wird.

Farid Bang erhielt wegen eines Disses gegen die Mutter von Karl Ess eine Abmahnung von 65 000 Euro von dem Fitness-Youtuber. Die beiden konnten den Konflikt nach Angaben von Karl Ess aber privat klären.

Haftbefehl und Celo haben sich im Internet kennengelernt. Hafti schrieb Celo an und erklärte, dass er den Sound von ihm und Abdi feiere. Celo gab das Lob zurück. Nach einem Treffen unterschrieben sie als erste Signings bei Azzlackz.

Bonez MC wurde aus einem Hotel in Koblenz geworfen, weil Fans das Hotel belagerten und stundenlang hunderte Anrufe reinkamen, in denen nach Bonez gefragt wurde. Der Rapper hatte vorher den Namen des Hotels und sogar seine Zimmernummer in seiner Story gefilmt. Einen Tag später war er vorsichtiger. Trotzdem konnte ein Fan ihn anhand seiner Story orten. Als Bonez MC daraufhin aus dem Fenster sah, konnte er nicht glauben, was er sah: Der Fan steuerte eine Videodrohne vor das Fenster des Hotelzimmers, mit der er den Rapper filmte.

Luciano hat schon als kleines Kind mit einem Kassettenrekorder seinen Rap aufgenommen und hatte Poster von 50 Cent an den Wänden.

Ein Fan fälschte einen Brief von Nimo, um auf ein ausverkauftes Konzert des Karlsruhers zu kommen. Die Security ließ sich davon überzeugen.

Casper erhielt 2004 eine Nachricht von Kollegah. Darin schrieb Kollegah, dass Casper nach ihm der zweitbeste Rapper Deutschlands sei.

Bonez MC und RAF Camora sind mit einem Lamborghini zu einem Frei.Wild-Konzert gefahren, um die Fans der umstrittenen Rockband zu provozieren.

Veysel wird nach eigener Aussage niemals ein Feature mit Nimo aufnehmen, da er dessen Stimme nicht mag. Die Musik von ihm feiert er trotzdem.

Comedy-Star Felix Lobrecht hat am rechten Handgelenk ein *4:44*-Tattoo – den Titel des 13. Studioalbums von Jay-Z.

Fler hat eine Aggro-Berlin-Fußmatte vor seiner Haustür.

In »Stress ohne Grund« disst Bushido mehrere Personen, zensierte aber deren Namen. Nur durch ein Konzert mit Shindy kam raus, dass die Zeile »*** wird in Berlin geschlachtet wie ein Rindvieh« gegen Farid Bang gerichtet war. Shindy rappte die Zeile unzensiert bei einem Auftritt von Bushido, weil er sie so auswendig gelernt hatte.

Tfue, der reichste Profi-Gamer der Welt, ist Fan von Ufo361.

Seyed behauptet, eine Affäre mit der Youtuberin Sonny Loops gehabt zu haben.

Der legendäre Disstrack »Leben und Tod des Kenneth Glöckler« von Bushido gegen Kay One ist nicht mehr online.

Azad und Samy Deluxe hatten 2001 Beef. Azad legte mit seinem Track »Samy de Bitch« gegen den damals schon erfolgreichen Samy Deluxe vor. Samy konterte wiederum mit »Rache ist süß«. 2014 gab Azad selbst zu, damals geschlagen worden zu sein und verneigte sich vor der Leistung seines damaligen Kontrahenten.

Bonez MC hat verraten, dass er Yonii gerne signen würde.

Bonez MC hat die 1 Million Follower zufällig an seinem Geburtstag geknackt.

Jennifer Rostock veröffentlichte einen feministischen Song namens »Hengstin«. Bass Sultan Hengzt disst sie auf ihrem eigenen Beat mit dem Song »Stute«.

Haftbefehl hat seinen 32. Geburtstag in einem Club in Hamburg gefeiert. Auch 187-Rapper Sa4 war unter den Gästen. Die Party wurde beendet, als zwischen den Partygästen und anderen Besuchern des Clubs eine Massenschlägerei ausbrach, bei der eine Person im Krankenhaus landete.

In einem Radio-Interview bei *1Live* erklärte Bausa, dass er niemals mit KC Rebell verwechselt werden will. Warum er dort gegen den Essener gestichelt hat, wurde nie erklärt.

Die 187 Strassenbande verkauft einen eigenen Teddybär. Gzuz hat ein Exemplar und kuschelt manchmal mit ihm.

Moses Pelham hat Stefan Raab, der damals noch Moderator bei VIVA war, im März 1997 auf der Echo-Verleihung das Nasenbein gebrochen, weil dieser sich wochenlang über den Rapper lustig gemacht hatte.

Fler ist der Ansicht, dass Bushido ein »pathologischer Psychopath« sei.

Der durch Adoption zu Adel gekommene Prinz Frédéric von Anhalt änderte mit 75 Jahren noch einmal seinen Musikgeschmack und hört seither beim Autofahren gerne Capital Bra.

Hustensaft Jüngling musste sich öffentlich entschuldigen, weil er die Merchandise-Verkäuferin auf seiner Tour mehrfach sexistisch beleidigt hat.

187-Fotograf Pascal Kerouche und Drake sind befreundet. Der Weltstar schaut manchmal in seine Livestreams auf Twitch rein und schreibt ihm ab und zu auf Instagram.

Loredana hat ihre Haare nach dem Vorbild eines Madonna-Fotos aus den 1990er-Jahren kurz geschnitten. Nur acht Tage vorher hatte Mozzik eine Single mit dem Titel »Madonna« veröffentlicht.

Dú Maroc hat Franck Ribéry auf seinen Track »As-salamu alaykum« geholt. Im Intro des Songs läuft eine Sprachnachricht des Fußballers, in der er ein paar Worte an den Frankfurter Rapper richtet.

Casper ist Fan von Arminia Bielefeld.

In seinem 2020-Bars-Song hat Eko Fresh nur einen Rapper gedisst. In Zeile 1270 rappt er: *»Lass mal die Wichser / aus dir wird kein Lakmann, du Flipstar.«* Lakmann und Flipstar waren Anfang der 2000er als Duo Creutzfeld & Jakob berühmt.

Mozzik und Bushido haben sich nach dem Comeback des Berliners getroffen und ein gemeinsames Foto hochgeladen. Nur Wochen später haben beide Rapper das Foto wieder von ihren Seiten gelöscht.

Zwei minderjährige Fans von Capital Bra wurden vor einem seiner Konzerte mit einem Messer bedroht und ihre Konzerttickets wurden ihnen abgenommen. Als er das durch die

Medien mitbekam, hat er den beiden Jugendlichen lebenslang freien Eintritt über die Gästeliste geschenkt.

George St-Pierre ist einer der bekanntesten UFC-Kämpfer der Welt und der Lieblings-Kämpfer von Animus. Über einen Freund konnte Animus sein Idol in Berlin treffen. Abends gingen sie mit St-Pierres Entourage in einen Club. Plötzlich kamen mehrere junge Frauen zu ihnen an den Tisch und baten Animus um ein Foto. St-Pierre war beeindruckt – erst recht, als Animus für ihn und seine Freunde die Frauen klären konnte.

Der französische Rapper Booba ist Fan der 187 Strassenbande.

Bei ihrem allerersten Treffen soll Juju »Ich liebe dich!« zu Loredana gesagt haben.

Bushido hat sämtliche Fotos von Capital Bra von seiner Instagram-Seite gelöscht.

Farid Bang ist großer BVB-Fan und privat mit Mats Hummels und seiner Ehefrau Cathy befreundet.

Data Luv lässt seine Mathe-Hausaufgaben von seinen Fans machen.

Der ehemalige *DSDS*-Teilnehmer Robin Wick und Kay Ones Produzent Stard Ova haben an einigen Songs von Katja Krasavice mitgeschrieben.

Ufo361 und Capital Bra haben keinen Kontakt mehr.

Finch Asozial hat versucht, Gina-Lisa Lohfink zu klären.

Obwohl er Streit mit Bushido hat, gibt Manuellsen dessen Schwägerin – Sarah Connor – als eines seiner Traum-Features an.

Obwohl er kein Englisch kann, kann Mero den Song »Rolling in the Deep« von Adele auswendig.

Während der Produktion seines Albums *Blockplatin* hat Haftbefehl einige Monate in Düsseldorf gewohnt und hing zu der Zeit fast täglich mit Farid Bang ab.

Nazar und RAF Camora hassen sich und sind Todfeinde. 2010 haben sie ein Kollabo-Album namens *Artkore* gemacht, das für beide den ersten Charteinstieg ihrer Karriere erzielte.

Kein deutscher Rapper wird in den USA so oft bei Google gesucht wie Gzuz. In der Woche, in der das Musikvideo »Was Hast Du Gedacht?« erschien, war die Zahl der Suchanfragen am höchsten.

Der Goldhit »Hadi Gel Gezelim« des Berliner Rappers Ali471 wurde vor einem Premier-League-Spiel der Gunners im Stadion des FC Arsenal gespielt. Dies geschah offenbar auf Wunsch des Spielers Sead Kolašinac, der mit Ali befreundet ist.

Nach seinem Beef mit Farid Bang war der Hate so groß, dass Karl Ess mit dem Gedanken spielte auszuwandern.

Barbara Schöneberger hört wegen ihren Kindern zu Hause Capital Bra.

Die Lieblings-Fußballmannschaft von Azet ist Paris Saint-Germain.

Eminem ist mit dem britischen Musiker Elton John befreundet. Zu dessen Hochzeit schenkte Eminem ihm und dessen Ehemann zwei mit Brillanten besetzte Penisringe.

Finch Asozial ist privat mit Lucy Cat, der bekanntesten deutschen Porno-Darstellerin, befreundet. Er gibt zu, sich trotz der Freundschaft ihre Filme anzusehen.

Bonez MC hat ein »Wien-Verbot« von Nazar bekommen.

Schwesta Ewa würde gerne ihren polnischen Landsmann Toony verprügeln. Auch andere polnische Rapper wie Sentino hatten bereits Probleme mit Toony.

Capital Bra erklärte in einem Interview gegenüber RTL, dass alle Lehrer ihn gehasst hätten. Nur seine Musiklehrerin sei fair zu ihm gewesen, weshalb er ihr seine allererste goldene Schallplatte geschenkt habe.

2017 haben sich Zuna und Farid Bang öffentlich gebeeft. 2011 postete der KMN-Rapper auf seinem privaten Facebook-Account jedoch das Video zum Song »Keine Träne« und entpuppte sich so als heimlicher Fan.

King Khalil hat Sun Diego im Jahr 2015 gedisst, als er noch ein relativ unbekannter Untergrund-Rapper gewesen ist. Trotzdem sorgte der Diss dafür, dass es jahrelang Differenzen zwischen den beiden gab. 2019 entschuldigte er sich für den unüberlegten Diss gegen den Osnabrücker.

Farid Bang ist Film-Fan und liebt beispielsweise die *Star Wars*-Reihe. Seine Lieblings-Filmreihe ist die *Batman*-Trilogie von Christopher Nolan.

RAF Camora hatte auf seinem Song »Vendetta« einen versteckten Diss gegen Nazar. Seine Zeilen *»Man kann über alles reden auf Kaffee, aber irgendwann ist dafür dann auch zu spät«* richteten sich gegen seinen ehemaligen Kollabo-Partner.

Bella Hadid ist bekannt als »die schönste Frau der Welt«. Dementsprechend stolz dürfte Capo sein, denn sie ist großer Fan des Frankfurter Rappers. In ihrer Story war bereits mehrfach seine Musik zu hören.

Kollegah und Farid Bang gucken die Spiele von Fortuna Düsseldorf zusammen und verfolgen den Verein aus Verbundenheit zur Stadt Düsseldorf bereits seit der 2. Bundesliga.

Nationalspieler Leon Goretzka ist Fan von RAF Camora. »Ruhe vor dem Sturm« ist eins seiner Lieblingslieder.

Topmodel Irina Shayk hat einen Heiratsantrag von Ufo361 bekommen.

Anfang 2020 wurden Apache 207 und Azet zusammen in Los Angeles gesichtet.

Mosh36 hätte ohne Bonez MC nie mit Rap angefangen. Die beiden waren damals miteinander befreundet und Bonez MC meinte, dass er ihn gerne bei der 187 Strassenbande haben würde. Auf dieses Angebot hin begann Mosh seine Rap-Karriere.

Fat Joe sprach in einem amerikanischen Podcast darüber, wie Farid Bang ihn vor Schlägern gerettet hat: Der US-Rapper wurde in einem Hotel in Berlin von mehreren Männern bedroht, die behaupteten, er hätte einen Auftritt bei ihnen spielen müssen und soll ihnen 50 000 Euro als Entschädigung zahlen. Er war eingeschüchtert von den Männern, die er als »MMA-Fighter« beschrieb, und vermutete, sie würden während seines Auftritts am Abend einen Übergriff starten. Über einen Freund forderte er Hilfe an. Dieser versprach, er würde »die krassesten n*ggas in ganz Deutschland« mobilisieren. Am Ende stand Fat Joe mit etwa 40 Mann aus der Entourage von Farid Bang auf der Bühne und konnte seinen Auftritt spielen, obwohl die Erpresser tatsächlich im Publikum standen. Am Ende löste Farid Bang sogar den Konflikt zwischen Fat Joe und den Schlägern, wofür Fat Joe in dem Podcast noch ein paar persönliche Worte an ihn richtete: »Shout out to Farid Bang, my brother from Germany!«.

Sun Diego hat JuliensBlog bei seinem ersten Album *ANALyse* geholfen und unter anderem die Texte geschrieben. Während der Produktion wurden die beiden zu besten Freunden. Durch den Alleingang von JuliensBlog während des Beefs mit PA Sports zerstritt Sun Diego sich mit aber dem Youtuber.

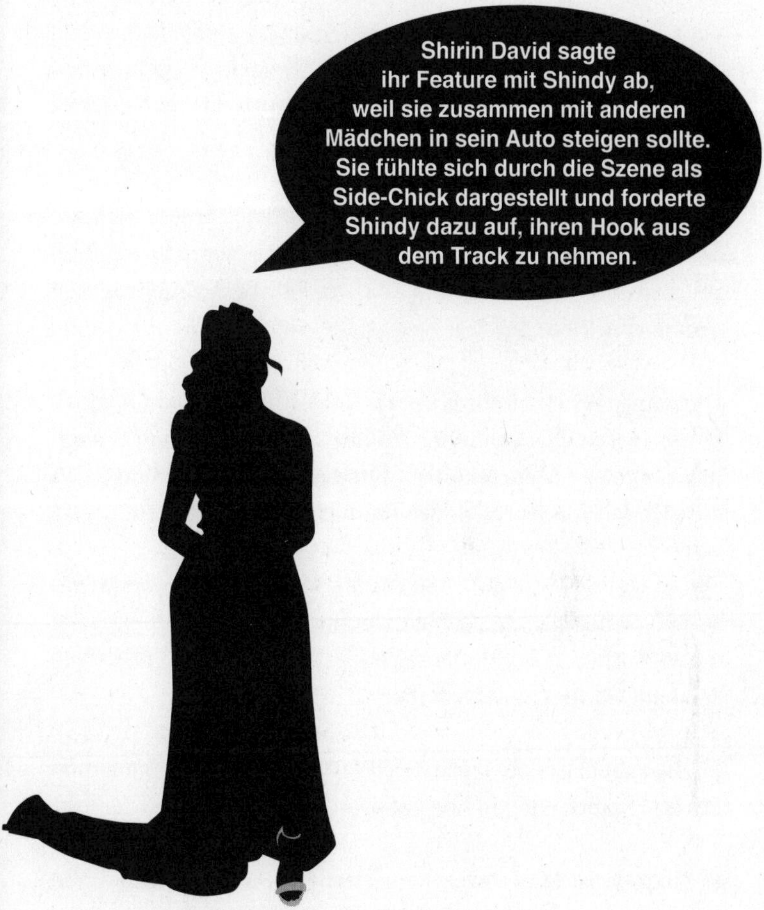

Finch Asozial hat sein Konzert in Erfurt unterbrochen, um einen Zuschauer rauszuwerfen, weil dieser den Hitlergruß zeigte.

Ein Fan hat Ufo361 während seiner Tour als »Hurensohn« beschimpft. Der Rapper ging daraufhin in seinen Tourbus, holte einen Baseballschläger hervor und jagte den Hater damit durch die Stadt.

Schauspieler Elyas M'Barek und Farid Bang lernten sich bei den Dreharbeiten zur *Fack ju Göthe*-Reihe kennen und sind seitdem privat sehr gute Freunde. Am Filmset spielten sie sich gegenseitig Streiche.

Der Song »Shotz Fired« von Bonez MC klingt wie ein Reggae-Partysong, ist aber eigentlich ein Disstrack gegen einen Polizisten, der ihn in München nach Drogen durchsuchte und dabei auch in den Intimbereich des Rappers eingriff.

Fler bezeichnete den Fußballprofi Mesut Özil als »Hundesohn«, nachdem Deutschland schon in der Gruppenphase der WM 2018 in Russland ausschied und damit ein historisch schlechtes Ergebnis ablieferte.

Ein Fan hat sich eine Szene aus dem Musikvideo »Zu Ende« von Elif und Samra auf den Arm tätowiert.

Bushido hasst Markus Lanz und hat nach seinen Auftritten in dessen Sendung noch eine Rechnung mit ihm offen.

28 Prozent aller Gzuz-Fans sind weiblich.

Farid Bang macht sich regelmäßig über die Ehefrau des Fußballers Dennis Aogo lustig, da sie trotz mäßigen Erfolgs des Sportlers mit ihrem Lifestyle prahlt. Ina Aogo konterte, dass sie und der Banger regelmäßig bei derselben Kosmetikerin seien und sich bestimmt verstehen würden.

Bär Lasker, Manager von Fanta 4 und Mitgründer von Four Music, bezeichnete Capital Bra und Apache 207 als »völlig talentlose Abzocker«.

Bonez MC verarscht gerne seine Fans und gab bereits mehrfach bekannt, dass Gzuz sich von der 187 Strassenbande getrennt habe. Einmal schrieb er: »Gzuz ist Bonez zu kriminell ... Deswegen gehen sie jetzt getrennte Wege!« Es sei eine schöne Zeit gewesen. Aber wer das Gesetz breche und Drogen nehme, gehöre eingesperrt!

9 Ausgebufft

Bonez MC war beim Splash!-Festival 2018 stockbesoffen und hat seinen Auftritt verkackt, weshalb er sich einen Tag später bei seinen Fans entschuldigte.

Sun Diego wurde vorgeworfen, seine Fans zum Kokainmissbrauch angestiftet zu haben, weil er Koks-Utensilien wie Zieh-Röhrchen und Ähnliches in seine Deluxe-Box gepackt hat.

In seiner schlimmsten Phase hat 18 Karat 20 Gramm Cannabis pro Tag geraucht.

Mois hat bei einem Friseur-Besuch an einem Vaporizer gezogen, in dem Badesalze gewesen sein sollen. Laut seinem Freund Maestro wusste er für zwei Stunden nicht mehr, wo er ist.

Mortel wurde mit 15 Jahren wegen eines Drogenfunds in der Schule verhaftet.

Ufo361 wurde Anfang 2018 mit seinem Mercedes in einen Unfall verwickelt, weil er unter Drogeneinfluss gefahren war. Das war aber nicht sein einziger Unfall. Wenige Monate später raste er mit seinem nächsten Mercedes frontal gegen einen Baum. Bei dem Unfall wurde wie durch ein Wunder niemand verletzt.

Gzuz hat Bonez MC schon mehrfach wegen seiner Handysucht kritisiert. Als er an seinem Geburtstag eine Story machen wollte, machte Gzuz seinem Kumpel eine Ansage, dass er es wenigstens einen Abend weglegen solle.

Farid Bang wollte Capital Bra in Berlin besuchen und charterte einen Privatjet, um schnell rüberzufliegen. Capital Bra hielt es für einen guten Scherz, die Polizei zu verständigen und zu melden, dass sich Drogen in dem Flugzeug befinden würden. Es wurde nichts gefunden.

Der Berliner Rapper Sido wollte zu Beginn erst mal bloß genug mit seiner Musik verdienen, um ein Kilo Koks kaufen zu können und darauf ein Drogen-Geschäft aufzubauen. Als der Erfolg kam, war dies jedoch nicht mehr nötig.

18 Karat hat jahrelang mit Gras gehandelt, war aber auch selbst abhängig. Bis er das Rauchen im Jahr 2019 aufgegeben hat, um unbehelligt Auto fahren zu können, hat er jeden Tag 15 bis 20 Joints geraucht.

Nimo und Ufo361 wären fast an derselben Ursache gestorben. Beide Rapper sind seit ihrer Jugend chronische Kiffer und rauchten so viel, dass sie einen Lungenriss erlitten. Mit 19 Jahren kämpfte Nimo deswegen um sein Leben, Ufo361 hatte 2014 einen Lungenkollaps und legte danach eine Kiffpause ein. Da er dann aber wieder damit anfing, folgte im Oktober 2018 ein Lungenriss.

Der Kölner Rapper Dr. Knarf nutzte sein Tonstudio nebenbei als Drogenlabor, um sogenannte »Dabs« herzustellen. Durch falsch gelagerte Propangasflaschen detonierte das Labor im Februar 2017, wobei der Rapper lebensgefährlich verletzt wurde. Augenzeugen berichteten, dass er nach der Explosion vollkommen in Flammen stand und auf die Straße rannte, wo er zusammenbrach. Der damals 33-Jährige überlebte nur knapp. Ein Teil seiner Schädeldecke musste entfernt werden, wodurch er nun so aussieht, als würde ein Teil seines Kopfes fehlen. Entgegen erster Meldungen hat er hingegen seine Hände nicht verloren. Drei Jahre nach dem Unfall meldete Dr. Knarf sich erstmals mit einem Statement zurück und erklärte, sich wieder zurück ins Leben kämpfen zu wollen.

DJ Tomekk hat eine Zusammenarbeit mit Dr. Dre abgelehnt, weil er zu besoffen war. Dies bezeichnet er als größten Fehler seiner Karriere.

Bonez MC und Kollegah teilen eine ähnliche Krankengeschichte. Kollegah musste 2007 nach einem Herzstillstand reanimiert werden, nachdem er jeden Tag mehrere Gramm Amphetamin konsumiert hatte. Bonez MC hatte laut eigener Aussage Ende 2017 einen beinahe-Herzstillstand im Flugzeug, da er vor dem Flug zu viel Codein getrunken hatte.

Silla ist bei den Anonymen Alkoholikern.

Puff Daddy hat sich wegen Smartphone-Sucht in Therapie begeben.

18 Karat hat mal versprochen, mit dem Kiffen aufzuhören, und gewettet, dass er es durchzieht. Play69 überführte ihn jedoch, als er ihn anrief und die Mailbox des Dortmunders auf Niederländisch antwortete. So fand er raus, dass 18 Karat wieder in Amsterdam war und nicht an sein Handy ging, weil er gerade gekifft hatte.

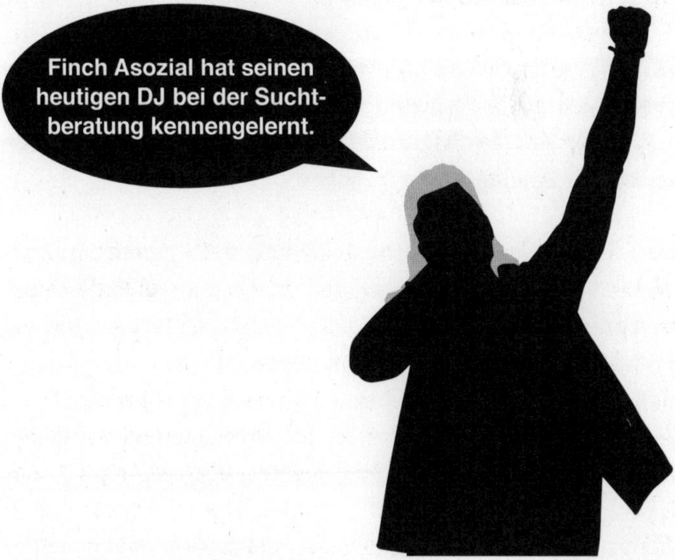

Der Lieblingswodka von Yung Hurn ist Stoli. Im gleichnamigen Musikvideo soll er für die Performance-Szenen rund anderthalb Liter getrunken haben.

Mert kritisierte SpongeBOZZ wegen des Kokain-Ziehröhrchens in seiner ersten Deluxe-Box.

Bonez MC war auf Ecstasy, als er seine Rede bei der Preisverleihung des Radio-Awards *1Live-Krone* hielt.

Sido war 15 Jahre lang insgeheim süchtig nach Nasenspray. Nur sein engster Kreis wusste davon. Nachdem er sich geoutet hatte, gaben auch Vega und Azad zu, jeden Tag mehrfach Nasenspray zu benutzen. Sie alle sagten dem süchtigmachenden Medikament den Kampf an.

Al-Gear wurde ein lukrativer Plattenvertrag angeboten, der ihm jedoch vertraglich verbieten sollte, Glücksspiel zu betreiben. Er lehnte den Vertrag ab und nahm lieber schlechtere Konditionen in Kauf, um weiter zocken zu können.

Visa Vie und RAF Camora haben vor einigen Jahren ein Interview in Amsterdam geführt und zu Beginn einen Joint geraucht. Am Ende lachten sie sich 20 Minuten lang kaputt und konnten das Gespräch nicht online stellen.

AK Ausserkontrolle besitzt einen Opioid-Ausweis und darf somit ganz legal in Deutschland Cannabis rauchen.

Bonez MC hat einen englischen Songtext geschrieben, den er nie eingerappt hat. Darin verrät er, dass er als Fünfzehnjähriger zum ersten Mal Magic Mushrooms gegessen hat.

18 Karat meint, El Chapo habe ein größeres Drogenimperium aufgebaut als einst Pablo Escobar, weil er nicht nur Amerika, sondern auch den Rest der Welt beliefert habe.

Bass Sultan Hengzt zog während eines Interviews zum Spaß an einem Joint. Nach 12 Minuten war er so high, dass er das Interview verlassen und sein Produzent die übrigen 40 Minuten des Gesprächs führen musste.

Ufo361 hat seinen 80 000-Euro-Mercedes in Berlin zu Schrott gefahren, weil er unter Lean-Einfluss am Steuer saß.

Eminem aß während der schlimmsten Phase seiner Drogensucht jeden Tag Fast Food und nahm bis zu einem Körpergewicht von 115 Kilogramm zu. Selbst Fans erkannten ihn auf der Straße nicht mehr.

Bonez MC lädt seit über vier Jahren jeden Tag Instagram Storys hoch – mit Ausnahme von nur zwei Tagen! Einmal verbrachte er einen Tag lang nur Zeit mit seiner Tochter, am zweiten haben ihn Hashbrownies so umgehauen, dass er keine Storys machen konnte.

Kollegah beging in jungem Alter Fahrerflucht, nachdem er über eine rote Ampel gefahren und einem anderen Wagen hinten drauf geknallt war. Weil er gerade aus Holland kam und mehrere Kilo Gras dabei hatte, fuhr er einfach weiter.

Bonez MC hat trotz Feuermelders einen Joint in einem Hotel in Stuttgart geraucht und dadurch einen Feuerwehr-Einsatz ausgelöst.

Nimo war zu Beginn seiner Karriere Kokskonsument und gab zu, nach seinem Durchbruch mit *Habeebeee* zeitweise im Drogensumpf abgesackt zu sein und regelmäßig Koks und Cannabis konsumiert zu haben.

Gzuz war in den Skandal rund um den Hausarzt Dr. G. aus Barmbek verwickelt. Er und einige Mitglieder der Hells Angels sollen gefälschte Atteste von dem Arzt kommen haben, um jederzeit an verschreibungspflichtige Medikamente wie Tilidin zu kommen. Die Polizei führte aufgrund dieses Falls eine Razzia bei Gzuz durch.

Lil Lano leidet unter den Folgeschäden seines Benzodiazepin-Missbrauchs. So hat er unter anderem Schlafstörungen und Stimmungsschwankungen. Zusätzlich dazu berichtete er von Selbstmordgedanken wegen der Droge.

Bis auf Weed handelt es sich bei den meisten Drogen, die in den Videos der 187 Strassenbande gezeigt werden, um Requisiten. Die Ecstasytabletten im Video zu »Hondy Civic« waren lediglich Süßigkeiten.

Bonez MC hat als Vierzehnjähriger das erste Mal Kokain gezogen. Wie er sagt, wegen Bushidos Musik.

Capital Bra hat früher regelmäßig Tilidin genommen, ist heutzutage aber clean.

Die Polizei führte im April 2018 eine großangelegte Razzia bei der 187 Strassenbande durch und durchsuchte neben den Privatwohnungen auch einige Geschäftsadressen wie die Produktionsstätte des 187-Tabaks, das Tattoostudio 187ink und den

Fanshop in St. Pauli. Insgesamt wurden 16 Objekte durchsucht. Man hatte den Verdacht, dass Teile der Crew gewerbsmäßig mit Drogen dealen würden.

2011 führte Toxic ein Interview mit Kollegah, bei dem dieser seine komplexen Reim-Schemata und Doubletime-Techniken im Song »Mondfinsternis« erklären sollte. Dumm war nur, dass der Rapper während des Interviews völlig bekifft war und kaum einen Satz formulieren konnte.

Visa Vie ist für viele die beste Rap-Journalistin und Interviewerin aller Zeiten und hat sich diesen Titel als jahrelanges Gesicht von *16Bars* redlich verdient. Schon ihr allererstes Interview gilt als legendär, denn ihr Gesprächspartner Sido war während dieses ersten Einsatzes von ihr völlig betrunken und machte ihr das Leben schwer. In ihrem letzten Interview für das Portal hatte sie ebenfalls Sido zu Gast. Als Anspielung auf ihr erstes Gespräch tranken sie Wodkashots.

Mert, Jasko und Al-Gear outeten sich als Spielsüchtige und gaben an, große Summen verspielt zu haben. Al-Gear hat nach eigenen Angaben über 1 Million Euro in Automaten geschmissen, Mert zumindest mehrere Tausend beim Pokern verspielt.

Snoop Dogg besuchte dieselbe High School wie Schauspielerin Cameron Diaz und war zu der Zeit ihr Gras-Dealer.

Capital Bra hat seit Dezember 2019 nicht mehr gekifft.

Eminem ist seit dem 23. April 2008 drogen- und alkoholfrei.

10 Statussymbole

PA Sports besitzt eine Villa in Berlin mit 300 m^2 Wohnfläche und 900 m^2 Grundstücksfläche. Der Bau kostete ihn insgesamt über 1 Million Euro.

Fler besitzt eine 1,5 Kilo schwere Goldkette mit einem Materialwert von 70 000 Euro.

Der Dortmunder 18 Karat ist stolzer Besitzer der neuntteuersten Hublot-Uhr der Welt. Das Schmuckstück kostete ihn laut eigener Aussage 150 000 Euro.

KC Rebell hat 2019 eine Villa für 1,9 Millionen Euro gekauft. Der Preis stand auf einem Kaufvertrag, der für einen kurzen Moment in seiner Story zu sehen gewesen ist.

RAF Camora besitzt neben seinem Ferrari Spyder, seinem Maserati GTS und zwei Audi A8 auch einen Mercedes AMG GT.

Das erste Auto von Gzuz war ein pinkfarbener CL 500, dem er mit dem gleichnamigen Track eine eigene Hymne widmete. Der »Red Dragon« wurde zur Feier der Gold-Auszeichnung für *Palmen aus Plastik* erst Gold und dann Platin foliert.

Wenn ihr einen Lamborghini Urus mit deutschem Kennzeichen seht, besteht eine 43-prozentige Wahrscheinlichkeit, dass ein deutscher Rapper darin sitzt. Kool Savas, Samra und Farid Bang besitzen insgesamt drei von nur sieben in Deutschland zugelassenen Fahrzeugen dieses Modells.

Metrickz hat mit seinem ersten Album *Ultraviolett* 300 000 Euro verdient.

GreeeN ist überzeugter Umweltaktivist, fährt privat aber einen Jaguar mit V8-Motor und bis zu 16 Litern Verbrauch auf 100 km.

Bonez MC und Gzuz besuchten im August 2017 eine Kirmes mit Schmuck im Wert von 500 000 Euro. Da sie ihre Uhren und Ketten nicht mit auf ein Karussell nehmen wollten, ließen sie sie in einer Tasche vor dem Karussell liegen. Da niemand ahnte, was drin war, wurde sie nicht geklaut.

Shindy hat während der Produktion seines Albums *Dreams* im »Waldorf Astoria« in Berlin gewohnt und eine Rechnung von 50 000 Euro angehäuft.

Prinz Pi hat durch seine *Donnerwetter*-Tour schon im Jahr 2007 etwa 200 000 Euro verdient. K.I.Z und Kollegah waren damals die Vorgruppe.

SadiQ hat 2016 eine Charity-Aktion gestartet, bei der er mit einem Euro beginnend verschiedene Gegenstände gegeneinander eintauschte. Nach zwei Tagen hatte er einen Mercedes Benz, dessen Erlös er an Kinder in Syrien gespendet hat.

Kool Savas erhielt im Jahr 2004 seinen ersten Vorschuss über 160 000 Euro und kaufte sich von dem Geld einen Porsche. Sein Vater, der sozialistische Ideale vertritt, lehnte eine Fahrt in dem teuren Sportwagen vehement ab.

Meidi und Ssynic sind die bestbezahlten Battle-Rapper Deutschlands. Für ihr drittes Aufeinandertreffen erhielten sie je 10 000 Euro Antrittsgage. Veranstalter des Battles ist Farid Bang.

Maxwell und Nura haben bei einem Festival Jenga gespielt und um 500 Euro gewettet. Nura hat gewonnen.

Bonez MC hat 80 000 Euro darauf gesetzt, dass Tunesien die Gruppenphase der WM 2018 überstehen wird und alles verloren.

Capital Bra soll 2019 etwa 15 Millionen Euro durch Streaming und zusätzlich 2 Millionen durch physische Tonträger verdient haben. In diesem Jahr verkaufte er 80 000 Deluxe-Boxen und CDs.

Farid Bang hat sich eine Villa für über 1 Million Euro gekauft. Dazu gehören zwei Garagen, ein Pool, ein Basketballplatz, ein Fitnessstudio, ein Dampfband sowie eine Sauna, und die Villa hat eine durchgehende Fensterfront zum Garten.

Bonez MC schrieb Anfang 2017 seine guten Vorsätze fürs neue Jahr ins Internet. Den Punkt »Millionär werden« hat er wenige Wochen später erreicht.

Bonez MC hat während eines Konzerts seine Tasche in die Menge geworfen. Darin befanden sich allerdings noch 500 Euro in bar sowie ein iPhone.

Für die dritte Version seiner goldenen Maske hat 18 Karat 380 000 Euro bezahlt. Sie besteht aus mehr als 2,5 Kilo reinen Goldes.

In seiner Autobiografie verriet Sun Diego, dass er während seiner Teilnahme am JBB unter dem Pseudonym SpongeBOZZ um die 200 000 Euro verdient hat, weil er seine Battle-Runden auf iTunes verkauft hat. Mit seinem Debütalbum *Planktonweed Tape* verdiente er weitere 500 000 Euro und konnte bis zur Indizierung 75 000 Einheiten absetzen.

AK Ausserkontrolle hat seinen ersten Mercedes C63 AMG für 70 000 Euro bar bezahlt.

Mois hat sich 2019 zum ersten Mal ein Auto gekauft, einen Audi R8 zum Preis von 144 000 Euro. Keine 24 Stunden später fuhr er den ersten Kratzer rein.

Coca-Cola erwarb 2007 die Rechte am Getränk »Vitamin Water« von der Firma Glacéau. 50 Cent war Partner der Firma und hatte dadurch zeitweise ein Vermögen von 500 Millionen US-Dollar. 2015 meldete er Insolvenz an und hatte Verbindlichkeiten von über 32 Millionen Dollar.

Die gesamten YouTube-Einnahmen von Al-Gear landen direkt auf dem Konto seiner Mutter.

Kollegah finanzierte, ohne dass die Öffentlichkeit etwas davon mitbekam, ein Projekt in Uganda, bei dem ein Waisenhaus und eine Schule gebaut wurden.

Xatar veranstaltete unter Mithilfe zahlreicher deutscher Rapper ein Rap-Konzert in Berlin, bei dem 70 000 Euro eingespielt wurden. Mit dem Geld eröffnete er ein Waisenhaus im Irak.

Farid Bang ist Rekordhalter der YouTube-Serie *Wie viel ist dein Outfit wert?*. Obwohl er in Aldi-Klamotten für 25 Euro erschien, reichten alleine seine Richard-Mille-Uhr und ein Cartier-Armband, damit sein gesamtes Outfit rund 210 000 Euro wert war.

Schwesta Ewa hat als Prostituierte 20 000 bis 30 000 Euro monatlich verdient, vor allem, indem sie ihre Freier beklaut hat.

Ein Teil aller Einnahmen von Kollegah geht an die von ihm gegründete »Anpacker-Stiftung«, die sich für wohltätige Zwecke einsetzt.

BastiDNP, Labelgründer und Mitglied von Trailerpark, ist durch den Erfolg der Crew Multimillionär geworden und besitzt eine Villa auf Mallorca für mehrere Millionen Euro.

Die Pyrotechnik für Flers Auftritt auf dem Frauenfeld-Festival im Jahr 2017 kostete ihn 80 000 Euro, sodass er trotz einer Gage von 40 000 Euro einen riesigen Verlust gemacht hat, um einen überzeugenden Auftritt abzuliefern.

Auf seiner *Imperator*-Tour hat Kollegah in drei Wochen insgesamt zwanzig Versace-Sonnenbrillen kaputt gemacht, verschenkt oder verloren. Jede Brille kostet um die 1000 Euro.

Die legendäre Brille von Battleboi Basti ist eine Armani-Fälschung und hat nur 2,99 Euro gekostet.

Der CL500 von Gzuz und Bonez MC hat eine Soundanlage im Kofferraum, die 15 000 Euro gekostet hat. Der Kaufpreis des Wagens lag bei 12 500 Euro.

Bonez MC besitzt ein T-Shirt, in dem Platinfäden verarbeitet sind. Das Shirt kostete ihn 15 000 Euro.

Wer Nachbar von Fler werden will, kann sich eine Wohnung an der Billy-Wilder-Promenade in Berlin-Lichterfelde kaufen. Eine Wohnung in seiner Straße kostet zwischen 350 000 und 400 000 Euro.

Die Audemars Piguet, die Nash auf dem Cover seines Albums *AP* trägt, ist eine Replik. Nash besitzt nach eigener Aussage keine AP und flext im echten Leben nicht mit Luxusgütern.

50 Cent bot seinen Fans im Jahr 2014 an, sein Album *Animal Ambition* per Bitcoin zu kaufen. Der Rapper vergaß die Aktion und erinnerte sich erst drei Jahre später wieder daran, dass er durch diese Aktion ja noch Bitcoin besitzt. Aus den damals 400 000-Dollar-Umsatz waren inzwischen durch den Wertanstieg der Kryptowährung 8 Millionen Dollar geworden. 50 Cent hat also versehentlich 8 Millionen verdient.

187-Rapper Maxwell ist schon mit 24 Jahren durch Musik zum Millionär geworden.

Miami Yacine mag britische Sportwagen und gab bereits mehrfach an, dass er drei Autos besitze, wollte aber keine genaueren Angaben zu ihnen machen. Bekannt ist lediglich, dass er einen Range Rover fährt. Außerdem saß er in einer Story in einem Wagen, dessen Interieur vermuten lässt, dass er noch einen Aston Martin fährt.

Obwohl er Multimillionär ist, bricht Gzuz weiterhin ins Freibad ein, anstatt Eintritt zu bezahlen.

Capital Bra hat durch seinen Abgang von Ersguterjunge 5 Millionen Euro verdient. Genau diese Summe brachte ihm sein neuer Deal in Form eines Vorschusses ein.

Bonez MC trägt in seiner Bauchtasche immer um die 60 000 Euro mit sich herum.

Sa4 wohnt trotz seines Erfolgs noch im selben Wohnhaus wie früher. Um seine erste goldene Schallplatte jedoch gebührend zu feiern, hat er die Fassade des Hauses mit 24 Karat Gold bestreichen lassen. Die Stadt Hamburg genehmigte den auffälligen Anstrich.

Bass Sultan Hengzt hat für den DefShop-Deal mit seiner Modemarke Who shot ya? 1 Million Euro erhalten.

Das Video zum Song »Cazal« von Zuna und Miami Yacine hat 50 000 Euro gekostet.

Der in Flers *Colucci*-Box enthaltene Pullover war so teuer, dass Fler mit jeder Einheit 15 Euro Minus gemacht hat.

Manuellsen und seine Ehefrau haben eine Spendenaktion für die Familie von George Floyd gestartet. Der 46-Jährige wurde von einem Polizisten umgebracht. Die Familie erhielt dadurch 12 000 Euro.

Sido bekam mehrere Anfragen, in der *DSDS*-Jury zu sitzen. RTL wollte seine Forderung von einer Million Euro als Gage nicht zahlen, sondern bot nur 30 Prozent davon.

Capital Bra ist Multimillionär und erhielt für seine Unterschrift bei Universal Music 6 Millionen Euro.

Ein Beat von OZ kostet 30 000 Euro plus Gewinnbeteiligung.

50 Cent wurde ein Foto von 18 Karat gezeigt. Der US-Rapper meinte, dass er nach Geld aussehe.

Fler macht jedes Jahr mindestens einmal Urlaub in Mailand. 2019 hat ihn sein Aufenthalt dort etwas mehr als 93 000 Euro gekostet.

Bonez MC hat eine Immobilie für 4 Millionen Euro gekauft, aber weder verraten, wer darin wohnen wird noch wo sie sich befindet.

Das Anthrazit-Studio von RAF Camora ist vermutlich das teuerste Tonstudio Deutschlands und hat ihn 1 Million Euro gekostet.

Die Sat.1-Sportsendung *ran* wollte den Boxkampf zwischen Fler und Bonez MC im Fernsehen ausstrahlen. Bonez MC forderte jedoch mindestens 2 Millionen Euro, was dem Sender zu viel war.

Bonez MC hat während eines Los-Angeles-Trips beim Autofahren immer wieder Dollarscheine aus dem Fenster geschmissen und es gefilmt, um seine Fans zu provozieren. Insgesamt landeten über 10 000 US-Dollar auf der Straße.

Nach dem Blackfacing-Skandal von Gucci verbrannte 50 Cent alle Kleidungsstücke der Luxusmarke, die er besaß.

Fler ist seit 2018 verlobt. Der Ring für seine Partnerin kostete 20 000 Euro.

Ufo361 und Capital Bra wetteten um 500 Euro, ob der Bratan es schaffen würde, fünf Monate nicht zu rauchen. Capi hielt nicht mal 24 Stunden durch.

Nach seiner Entlassung aus dem Knast hatte Gzuz 15 000 Euro Schulden beim Staat und zahlte die Summe zunächst in Raten von 5 Euro ab.

Am Silvesterabend 2019 wurde in einer Berliner Bank eingebrochen und einige Schließfächer wurden ausgeräumt. Dabei erbeuteten die Täter unter anderem Schmuck von Ufo361 im Wert von über 200 000 Euro.

Haftbefehl hat Capital Bra eine Hublot für 40 000 Euro geschenkt.

Bushido besitzt einen Ferrari mit 570 PS. Alleine die Sicherheitsgurte sollen 2500 Euro gekostet haben.

Das erste Auto von Kollegah war ein Ford Fiesta für 500 Euro.

Das erste eigene Auto von Kay One war ein Lamborghini für 142 000 Euro.

Anfang 2019 schätzte ein Gericht das Monatseinkommen von Arafat Abou-Chaker auf 90 000 Euro. 18 Monate später wurde es auf nur noch 5000 Euro geschätzt.

Haftbefehl ist Chef von zwei Labels und soll ein Vermögen von über 10 Millionen Euro besitzen.

Trotz 30 Millionen verkauften Einheiten hat Tyga finanzielle Probleme. So hatte er zeitweise 1 Million US-Dollar Schulden. Unter anderem stand er bei einer Autovermietung in der Kreide, weil er die Leasingrate von 5000 Dollar für seinen Bentley nicht mehr bezahlen konnte.

Jay-Z war der erste Rapper weltweit, der ein Vermögen von einer Milliarde US-Dollar hat.

Bonez MC hat seiner Mutter ein Haus und seiner Schwester eine Wohnung in Hamburg Altona gekauft.

Kool Savas hat einen sechsstelligen Betrag durch ein schlechtes Bitcoin-Investment verloren.

Kollegah hat eigenen Angaben nach eine halbe Million Euro durch Kryptowährungen verdient.

RAF Camora besitzt eine goldene AK47, die er in seinem Anthrazit-Studio aufbewahrt. Die Waffe bekam er aus Bosnien geschenkt.

Haftbefehl hat für das Jahr 2018 etwas mehr als 1 Million Euro Steuern bezahlt.

Bushido hat die Einnahmen seiner Single »Für immer jung« an die Stiftung *Ein Herz für Kinder* gespendet. Sie wurde über 200 000 Mal verkauft.

Tupacs Villa in Kalifornien stand bis vor Kurzem für 2,65 Millionen Euro zum Verkauf.

Fard besitzt 21 Immobilien und ist Multimillionär.

Bonez MC hat während eines Urlaubs in Los Angeles innerhalb von vier Wochen 80 000 Euro ausgegeben.

Mozzik hat nach dem verheerenden Erdbeben in Albanien einen Spendenaufruf gestartet und knapp 1,8 Millionen US-Dollar sammeln können.

Kollegah spendet jedes Jahr 2,5 Prozent seines Nettoeinkommens. Wenn dies alle machen würden, so seine Ansicht, würde es kaum noch Armut auf der Welt geben.

Multimillionär Bonez MC wohnt in einer nur 18 m² großen Zweizimmerwohnung an der Reeperbahn.

Bonez MC hat seiner Tochter und ihrer Mutter eine Wohnung in Hamburg Altona für 1,1 Millionen Euro gekauft.

A$AP Rocky wurde bei einem Einbruch Schmuck im Wert von 1,5 Millionen US-Dollar entwendet.

JuliensBlog fährt privat einen teuren Jaguar, musste im Jahr 2017 aber mehrere Angriffe auf seinen Wagen verschmerzen. Erst wurden die Reifen zerstochen, dann wurden die Scheiben eingeschlagen und der Lack zerkratzt. Wer hinter den beiden Attacken steckt, ist trotz einer Belohnung von 10 000 Euro für Hinweise bis heute unklar.

Eno besitzt eine Uhr der Ferrari Magic Gold Limited Edition von Hublot, die es nur 500 Mal auf der Welt gibt.

Donald Trump bot 50 Cent eine halbe Million US-Dollar an, wenn er bei seinem Amtsantritt dabei sei. Der Rapper lehnte das Angebot trotz Insolvenz ab.

Samra verbrannte seine 200 000 Euro teure AMG G-Klasse und erklärte die Tat später damit, dass viele seiner Freunde neidisch geworden seien. Ein halbes Jahr später hat er sich einen Lamborghini Urus gekauft.

Während der verheerenden Waldbrände in Australien in den Jahren 2019 und 2020 ist Kontra K in die betroffenen Gebiete gereist und hat sowohl finanziell als auch mit eigener Arbeit dabei geholfen, eine Auffangstation für Kängurus neu aufzubauen.

Neymar Jr. wurde mit einer gefälschten Richard Mille RM052 erwischt. Eno besitzt die echte Version für 550 000 Euro.

Jigzaw verdiente nach eigenem Bekunden keinen Cent bei Alpha Music Empire. Man enthalte ihm GEMA-Zahlungen in Höhe von 120 000 Euro vor, erklärte der Hagener nach seiner Ausweisung nach Istanbul zu seiner finanziell prekären Situation.

Play69 setzte 10 000 Euro auf das Champions-League-Hinspiel zwischen dem BVB und PSG. Weil Haaland darin traf, machte er aus seinem Einsatz 39 000 Euro.

RAF Camora konnte im Jahr 2010 mit seinem ersten Soloalbum nach vielen Jahren endlich Geld verdienen. Er vernachlässigte jedoch den steuerlichen Teil, weshalb Steuerbeamte 2012 seine Wohnung stürmten und ihm alles abnahmen, was er bis dahin verdient hatte. Dies bezeichnete er als absoluten Tiefpunkt seines Lebens, weshalb er heute jedem rät, seine Steuern ordentlich zu machen.

Mozzik lebte bis zu seinem 18. Lebensjahr in Armut. Als er zum albanischen Musiklabel OnRecords fuhr, um den Vertrag zu unterzeichnen, hatte der Rapper lediglich 2 Euro und 10 Zigaretten in der Tasche.

Kool Savas riet seinen Fans am 20.12.2017, in Bitcoin zu investieren. Den damaligen Kurs von 15 023 Euro hat die Kryptowährung seitdem nie mehr erreicht.

Shirin David hat 150 000 Euro für ihr Musikvideo »ICE« ausgegeben.

Kurz nachdem Massiv sich einen 6er BMW gekauft hatte, wurde der Wagen gestohlen. Nur wenig später rammten die Täter mit dem BMW drei andere Autos. Die Versicherung verweigerte Massiv am Ende auch noch, den Schaden, für den er als eingetragener Wagenhalter aufzukommen hatte, auszugleichen.

Arafat Abou-Chaker ist Sneaker-Fan und besitzt eine Sammlung im Wert von 40 000 Euro.

Ein Fan hat Ufo361 erzählt, dass seine Mutter viel zu viel arbeite. Der Rapper buchte daraufhin kurzerhand einen Urlaub für sie.

Anthrazit ist bekanntlich die Lieblingsfarbe von RAF Camora. So hat er nicht nur sein Tonstudio danach benannt, sondern auch jedes seiner acht Autos in Anthrazit foliert.

US-Rapper DMX ist Vater von fünfzehn Kindern und hat Unterhaltsschulden von über 1,5 Millionen US-Dollar. Und das, obwohl er alleine für seinen Auftritt im Film *Born to die* 5 Millionen Dollar Gage kassierte.

Capital Bra hat einen Fan einmal nach eine Zigarette gefragt. Weil dieser ihm gleich eine ganze Packung geschenkt hat, gab er ihm im Gegenzug 100 Euro auf die Hand.

Kontra K hat mit seinem eigenen Geld eine Auffangstation für Tiere aufgebaut. Dort kommen Tiere unter, die beispielsweise in Tigerzuchtstationen in Tschechien aufgezogen wurden und dort nicht artgerecht gehalten werden.

Ufo361 hat bereits um die 90 000 Euro beim Pokern verspielt.

Anstatt nach seinem Umzug nach Berlin Hartz IV zu beantragen, hat RAF Camora versucht, Beats zu verkaufen und nur davon zu leben. In der Regel konnte er zwei Beats im Monat zu Geld machen und kam mit den eingenommenen 300 Euro über die Runden, da sein WG-Zimmer nur 100 Euro Miete im Monat kostete.

Kollegah besitzt einen Ring im Wert von 100 000 Euro.

Das erste Auto von Zuna war die weiße G-Klasse, die er bis heute fährt. Bis zum Alter von 24 Jahren hatte er kein Auto.

Punch Arogunz ist überzeugter Minimalist und besitzt kein Bett. Stattdessen schläft er auf dem Fußboden und findet es inzwischen unbequem, in einem Bett zu schlafen.

RAF Camora musste 72 Euro Strafe an die Stadt Wien überweisen, weil er mit seinem Ferrari 488 einen Linienbus zugeparkt hatte. Der Wagen wurde abgeschleppt.

KC Rebell hat allen Mitarbeitern seiner Shisha-Bars einen brandneuen Renault gekauft.

LX besitzt die teuerste Uhr der gesamten Rap-Szene. Der Hamburger nennt eine Uhr der Marke A. Lange & Söhne sein eigen und zahlte dafür nach offiziellen Angaben des Herstellers den Preis von 285 000 Euro.

Eno hat für 35 000 Euro Schuhe bei Louboutin eingekauft.

Kollegah wurde von einem kriminellen Clan um 1,4 Millionen Euro erpresst.

2013 musste RAF Camora seinen Laptop noch auf seiner Waschmaschine aufstellen und darauf Songs produzieren. Jahre später hat er ein top ausgestattetes Studio im Wert von 1 Million Euro in Berlin.

Fler hat 12 000 Euro für ein Unterwasser-Shooting für das Cover seines Albums *Atlantis* ausgegeben und die Fotos am Ende gar nicht verwendet.

Xatar rechnete in seinem »Quarantäne-Podcast« vor, dass sich der finanzielle Schaden von Loredana durch die Coronakrise auf 500 000 bis 1 Million Euro beläuft. Hinzu kommen weitere 3 Millionen Euro, die auf die abgesagten Tour-Auftritte zurückzuführen sind. Insgesamt 83 000 Tickets mussten rückerstattet werden.

Das Video zu »Engel« von Leonidas wurde in einer 12 Millionen Euro teuren Villa gedreht.

RAF Camora besitzt neun Autos im Wert von insgesamt 800 000 Euro. Darunter sind ein Maserati GTS und ein Ferrari 488 Spyder.

18 Karat hat seiner Familie über 1 Million Euro geschenkt und seiner Mutter ein Haus in seiner Heimat gebaut.

Fanta 4-Rapper Smudo besitzt Fluglizenzen für verschiedene Flugzeugklassen und war 2017 im Sieger-Team des 24h-Rennens am Nürburgring.

Kollegah ist der erste deutsche Rapper, der sich eine eigene Yacht gekauft hat. Das Schiff liegt in Dubai und trägt den Namen »Gönnjamin«.

Gzuz wurde für eine Reihe von Fake-Werbeanzeigen missbraucht. In der Werbung hieß es, dass Gzuz ein Vermögen von über 500 Millionen Euro besitze und eine App entwickelt habe, durch die man ebenfalls reich werden könne.

Ufo361 lehnte einen Deal über 8 Millionen Euro ab, weil er lieber independent bleiben wollte.

Jay-Z hat 15 Millionen US-Dollar an die Kinder des erschossenen Rappers Nipsey Hussle gespendet.

Bonez MC saß grade in einem KFC an der Reeperbahn, als er plötzlich beobachtete, wie besoffene »Punker« eine Beule in seinen CL500 traten.

Shindy kennt seinen eigenen Kontostand nicht, sondern hat eine Person, die sich um seine Finanzen kümmert. Wenn er sich etwas Teures kaufen will, fragt er nach, ob er es sich leisten kann, und kauft es sich nur, wenn es im finanziellen Rahmen ist.

Bushido kaufte im Jahr 2010 insgesamt 92 Wohnungen als Altersvorsorge und Absicherung für seine Kinder. Die Wohnungen werden seitdem vermietet und haben heute einen Wert von fast 10 Millionen Euro.

T-Pain wurde 2007 mit mehreren Feature-Parts auf erfolgreichen Singles wie »Low« von Flo Rida oder »Kiss Kiss« von Chris Brown weltbekannt. In den folgenden zehn Jahren sammelte er ein Vermögen von 40 Millionen US-Dollar an. 2019 war er pleite, weil er alles für teure Autos ausgegeben oder in überteuerte Immobilien investiert hatte.

18 Karat fuhr einen Volkswagen für unter 25 000 Euro, als er noch Drogen verkauft hat. Nach seiner Aussage war dies unauffälliger.

Mozzik hatte mit 18 Jahren kein Geld, weswegen er sieben Monate lang im Studio geschlafen und an seiner Musik gearbeitet hat. Das Studio hatte keine Heizung und im Winter soll es sehr kalt gewesen sein. Lediglich einen Heizstrahler soll er im Studio stehen gehabt haben.

Apache 207 besitzt eine Rolex für 30 000 Euro. In seinem Song »Bläulich« erklärt er, dass dies eigentlich gegen seine Prinzipien verstoße, er auf anderem Wege aber keinen Respekt von der Oberschicht und der Rap-Industrie bekommen würde.

Ufo361 hat ein Armband für 8000 Euro beim Spazierengehen in Berlin verloren.

Newcomer Letoh hat einen Vorschuss von 200 000 Euro abgelehnt.

Money Boy gilt für viele als Witzfigur, verdient pro Auftritt jedoch zwischen 8000 und 12 000 Euro und hat so in rund zehn Jahren insgesamt 3 Millionen Euro Umsatz gemacht.

18 Karat hat Millionen mit Drogen verdient und angeblich einen Teil des Geldes vergraben.

11 Mixtape

Der Song »21 Questions« von 50 Cent beinhaltet 23 Fragen.

Ein Teilnehmer bei *Wer wird Millionär* verlor schon bei der 8000-Euro-Frage, weil er Bausa nicht kannte. Zu dem Zeitpunkt war Bausa gerade acht Wochen auf Platz 1 der Charts.

Capital Bra löste am ersten Tag seines New York-Urlaubs einen Polizeieinsatz aus. Er klaute einem Passanten aus Spaß seine Mütze und filmte es nebenbei in seiner Story. Anstatt auf den Scherz einzugehen, rief der New Yorker direkt die Polizei und Capi rannte weg.

Bonez MC gründete die 187 Strassenbande mit 21 Jahren.

Bonez MC hat bei einem Konzert sein gesamtes Outfit ins Publikum geworfen und in Boxershorts weitergerappt.

Die Rapper Casper, Kollegah und Sun Diego kannten sich bereits vor ihrer Rap-Karriere aus einem Internet-Forum für Battle-Rap. Sie schafften aber unabhängig voneinander seinen Durchbruch.

Nachdem er von einem Hater im Internet beleidigt worden war, hat Al-Gear den Namen der Person herausgefunden, die Nummer von dessen Tante im Telefonbuch gefunden, dort angerufen und sich als Mitarbeiter einer Behörde ausgegeben. So an Name, Adresse und Telefonnummer der Mutter herangekommen, erpresste er seinen Hater, sich sein Album vorzubestellen.

Kollegah rappt auf dem Song »Sturmmaske auf« die Diss-Zeile: *»Dein Tape gibt's nicht bei Amazon, sondern bei ›Armer Nuttensohn‹«* gegen MOK. Um die Zeile zu untermauern, hat er die Webseite »armernuttensohn.de« online gestellt und darauf tatsächlich das Album von MOK verlinkt.

Kontra K traf während eines Spanien-Urlaubs auf eine Hundezucht, in der die Tiere sich selbst überlassen waren und leiden mussten. Anstatt seinen Urlaub zu genießen, nutzte er die Zeit in Spanien, um zwei Hunde zu retten, ihnen Papiere zu besorgen und sie zu Freunden nach Deutschland zu bringen.

Die wahre Bedeutung hinter dem Namen der KMN-Gang ist nicht bekannt. Eine Theorie besagt, dass die Abkürzung aus dem Wort »KriMiNell« stammt. Andere glauben, dass KMN für »Küss meine Nikes!« steht. Grund dafür ist ein Foto von Mitglied Nash, der vor einem Helikopter posiert. Auf dem Helikopter befindet sich neben dem Logo der KMN-Gang auch der Satz »Kiss my Nike-Airs«.

Kollegahs Bekleidungslinie Deus Maximus ist offizieller Sponsor des MMA-Kämpfers Roberto Soldić.

50 Prozent aller 14 bis 19-Jährigen in Deutschland gaben 2018 an, am liebsten Rap zu hören. Hierzulande gab es in diesem Jahr mindestens 9,5 Millionen Menschen, die Rap oder ein verwandtes Genre gehört haben.

18 Karat veröffentlichte 2015 seinen ersten Song und trat schon damals mit einer Maske auf. Während die erste goldene Maske nur mit Blattgold beschichtet war und 3500 Euro gekostet hat, blätterte er für die zweite Version seiner Maske 8000 Euro hin.

Die 187 Strassenbande befand sich wegen eines Videodrehs in Mexico City, einer der gefährlichsten Städte der Welt. Während ihres Aufenthalts hatten sie bewaffnete Personenschützer und fuhren in gepanzerten Autos mit kugelsicheren Scheiben. Teilweise trugen auch die Rapper selbst Waffen zum Schutz.

Kontra K rettete einmal ein Tigerbaby aus einem Wanderzoo und übernahm die Patenschaft für das Tier. Der Rapper baute dem Tigermädchen, das er Elsa nannte, ein artgerechtes Gehege und kümmert sich bis heute um sie.

Es existiert ein altes Musikvideo von Samra, in dem er mit 14 Jahren zu sehen ist. Damals nannte er sich noch Pimp Hussin und war mit Abbude, den man heute aus dem Umfeld von Achi, der Entertainer kennt, befreundet.

Die Rap-Crew Migos besteht bereits seit vielen Jahren. Zu Beginn nannten sie ihre Crew jedoch nicht Migos, sondern The Polo Club.

Xatar und Kollegah haben einige Gemeinsamkeiten. Zum Beispiel sind beide für ihre Wohltätigkeit bekannt und haben ihr Vermögen genutzt, um Waisenhäuser in Uganda und im Irak zu bauen. Beide haben auch Benefizkonzerte organisiert und die Einnahmen gespendet.

Azet trat im Sommer 2019 im Rahmen seiner Kosovo-Tour in einem Club der Stadt Peja auf. Am Rande des Konzerts explodierten auf dem Parkplatz mehrere Granaten. Zudem wurden Schüsse gehört. Und ein Wachmann vor dem Club wurde angeschossen. Azet soll jedoch nicht das Ziel des Angriffs gewesen sein, sondern der Club, in dem sie spielten. Angeblich hatte sich der Besitzer mit einem kosovarischen Clan angelegt.

Während eines NBA-Spiels zwischen den San Antonio Spurs und Orlando Magic am 1. März 2020 lief urplötzlich der Song »Jump Jump« von Fler in der Arena. Warum der Song des deutschen Rappers bei einem Basketballspiel in den USA gespielt wurde, ist unklar. Die naheliegendste Erklärung ist, dass man eigentlich den gleichnamigen Kris-Kross-Track spielen wollte und diesen mit dem Titel von Fler verwechselt hat.

Samra war als Schüler in einer Reportage über den damals inhaftierten Rapper Xatar zu sehen.

Nura musste bei einem Urlaub mit ein paar Freunden einen unschönen Vorfall erleben. Die Gold-Rapperin befand sich in einem Ferienhaus auf Mallorca. Eines Nachts verschafften sich Kriminelle Zutritt zu ihrem Haus und klauten zwei Paar Schuhe, eine Markentasche sowie 500 Euro in bar. Nura berichtete zudem, dass einer der Eindringlinge sie im Schlaf betatscht hat und »mit ihr kuscheln wollte«. Sie habe gemerkt, dass sie in der Nacht angefasst wurde, hielt die Person, die sie berührte, allerdings für einen ihrer Freunde. Erst am nächsten Morgen wurde ihr bewusst, dass ein Einbrecher sich in ihr Schlafzimmer begeben hatte.

Farid Bang hieß zu Beginn seiner Karriere im Jahr 2005 noch Farid Urlaub, in Anlehnung an den Sänger Farin Urlaub, dem Gründungsmitglied der Rock-Band Die Ärzte. 2008 erschien dann sein Debütalbum *Asphalt Massaka* als Farid Bang.

PA Sports lebte bis zu seinem 30. Lebensjahr in Essen. 2020 entschied er sich, nach Berlin zu ziehen, und baute sich dort eine Villa für über 1 Million Euro.

Fler wurde 2009 Opfer eines bewaffneten Überfalls, als er gerade auf dem Weg zu einem Musikvideodreh mit Bushido war. Mehrere maskierte Täter rissen die Tür des Minivans auf und schossen mit einem Maschinengewehr in das Fahrzeug. Zum Glück für Fler und sein Team handelte es sich lediglich um Platzpatronen. Der Fall wurde in der Sendung *Aktenzeichen XY* behandelt.

Summer Cems Wohnung in Mönchengladbach, in der er schon jahrelang lebte, hat im Jahr 2020 gebrannt, weil ein Nachbar eine Zigarette auf den Teppichboden fallen ließ und davon ausgehend das gesamte Haus Feuer fing.

Vor einigen Jahren explodierte eine Gasflasche am Grill von Sido und löste einen Brand auf seiner Terrasse aus. Glücklicherweise wurde niemand verletzt.

Loredana war 2020 als Werbegesicht der beliebten App TikTok im deutschen Fernsehen zu sehen.

Bushido und Kool Savas trafen sich vor einigen Jahren zufällig im Flugzeug. Bushido meinte scherzhaft, dass es keinen deutschen Rap mehr gäbe, wenn das Flugzeug jetzt abstürzen würde.

PA Sports und Bonez MC trafen sich einmal völlig zufällig im Thailand-Urlaub. Durch das Treffen entstand der Song »Sie will«, der zum großen Hit wurde.

Kontra K reiste während der verheerenden Waldbrände in der Brandsaison 2019/20 nach Australien, um Menschen und Tieren in Not zu helfen. So finanzierte er unter anderem den Wiederaufbau einer Tierauffangstation und packte dort selbst mit an.

Ein Gerücht besagt, dass Tupac mit jeder Frau, die in seinem Musikvideo zu »How do you want it« zu sehen ist, geschlafen habe. Dies wurde bereits von mehreren Personen bestätigt.

Bevor Sido bei Aggro Berlin unterschrieb und von dort aus durchstartete, hatte er zusammen mit seinem Kumpel B-Tight ein Studio in einem Bordell in Berlin-Schöneberg.

Kay One ist Besitzer einer McDonald's-VIP-Card. Damit darf er jederzeit umsonst bei McDonald's essen, da er die Fast-Food-Kette jahrelang ohne Gegenleistung unterstützt hat.

Nachdem Summer Cem erfahren hatte, dass er die 10. Klasse wiederholen muss, wollte er seine Wut rauslassen, indem er jemanden verprügelt. Da zu dem Zeitpunkt Abi-Mottowochen an seiner Schule stattfanden, prügelte er auf eine Person mit einem Tabaluga-Kostüm ein. Später stellte sich heraus, dass der Schuldirektor in dem Kostüm steckte.

Kollegah konvertierte im Alter von 15 Jahren aus eigenem Antrieb zum Islam.

Bushido lernte einmal einen Fan kennen, der nach eigener Aussage bei einer Tankstelle arbeitete und nur 9 Euro Stundenlohn erhielt. Bushido startete kurzerhand einen Aufruf an Tankstellenbetreiber, die dem Jungen eine besser bezahlte Stelle verschaffen könnten.

Wenn RAF Camora nicht da ist und Bonez MC sich in Berlin befindet, lebt er manchmal in dessen Wohnung, weil diese größer und schöner ist als seine eigene.

Al-Gear war Augenzeuge eines Amoklaufs am Düsseldorfer Hauptbahnhof. Ein 37-Jähriger verletzte neun Menschen mit einer Axt, vier davon schwer. Glücklicherweise haben alle überlebt.

Shindy begann einmal in alkoholisiertem Zustand eine Schlägerei, weil ein Fan ihn mit Bushido verwechselte.

Kollegahs erstes Album *Alphagene* wurde in der Kleinstadt Flingern im Keller eines Obdachlosenheims aufgenommen, da man sich kein richtiges Studio leisten konnte und an der Miete sparen wollte.

Der Klassiker *The Marshall Mathers LP* sollte ursprünglich *Amsterdam* heißen. Eminem war während der Produktion in der niederländischen Stadt und war absolut begeistert.

Sollte er jemals eine Tochter haben, will Farid Bang sie »Beverly« nennen, benannt nach dem bekannten Stadtteil Beverly Hills in Los Angeles.

The Weeknd hat eine halbe Million US-Dollar für die *Black Lives Matter*-Bewegung gespendet.

2019 wurde Jigzaw in die Türkei ausgewiesen und lebt seitdem in Istanbul. Da er die türkische Staatsbürgerschaft besitzt, wurde er zum Militär eingezogen, konnte seine Dienstzeit jedoch durch eine Zahlung von 5000 Euro auf einige Wochen verkürzen.

Die Rapperin Pilz bekam nach einem Acapella-Battle gegen Nedal Nib Morddrohungen, weil sie sich zu Beginn ihrer ersten Runde ein Kopftuch umband und kontroverse Zeilen rappte.

Shindy veröffentlichte eine gemeinsame Osteransprache mit Jürgen Kessing, dem Oberbürgermeister der Kreisstadt Bietigheim-Bissingen. Darin sprach er sich unter anderem für die Einhaltung der Corona-Richtlinien aus.

PA Sports und Kool Savas waren eine Zeit lang Nachbarn in Berlin, ohne es zu merken.

Bushido erklärte, dass seine Kinder jedes seiner Alben hören könnten, aber niemals bei *DSDS* mitmachen dürften.

Der Rabe ist das Markenzeichen von RAF Camora und wurde schon vor mehr als zehn Jahren in seinen Songtexten thematisiert. Im Musikvideo zu »Palmen aus Plastik« trug er einen echten Raben auf dem Arm.

Farid Bang und KC Rebell lieferten mit »Ballermann« den Titelsong zum Ubisoft-Videospiel *Tom Clancy's Ghost Recon Wildlands*.

Der Terrorist und ehemalige Rapper Deso Dogg veröffentlichte im Jahr 2017 einen Song auf Deutsch, während er für den Islamischen Staat kämpfte. Selbst US-Medien berichteten über den Song, in dem er Kriegspropaganda für die Zwecke des IS verbreitete.

Majoe hat seinen Kumpel Jasko als Voract auf seine Tour mitgenommen, seinen Fans vor der ersten Location aber gesagt, dass sie ihn ausbuhen sollen, wenn er rappt. Am Ende seines Auftritts wurde der Streich aufgelöst.

Im Mai 2017 wurde ein Schüler aus Berlin als vermisst gemeldet. Eine Woche später tauchte er plötzlich im Musikvideo von Azzi Memo auf. Der Rapper erklärte nach Veröffentlichung des Videos, dass der Junge nur zufällig dagestanden habe und er nicht wusste, dass er vermisst werde. Zwei Tage später konnten seine Eltern den geistig Behinderten 17-Jährigen auffinden.

Eine alte Dame fühlte sich vor einigen Jahren von Bushidos Fahrstil bedrängt und stieg vor einer roten Ampel aus ihrem Fahrzeug aus, um den Rapper anzuschreien.

Während der Deutschland-Premiere des Tupac-Biopics *All eyez on me* stürmten plötzlich bewaffnete Polizisten den Kinosaal und suchten nach einem Mann, der angeblich einen Amoklauf geplant hatte. Mit Eko Fresh, SSIO, Xatar und Veysel befanden sich gleich mehrere bekannte Rapper bei der Premiere.

MC Rene hat drei Jahre lang keinen festen Wohnsitz gehabt und ist mit einer Bahncard 100 in Europa herumgereist. Davor hatte er all seine Sachen verkauft und seinen Mietvertrag aufgelöst.

Bonez MC hat die 187 Strassenbande im Jahr 2006 gegründet. Seitdem verfolgen ihn diese drei Zahlen so sehr, dass es fast unheimlich wird. So ist seine Tochter am 18.7. geboren, wodurch die Zahlenfolge für ihn auch außerhalb des Rap eine besondere Bedeutung erhält. Dann veröffentlichte RAF Camora sein erstes Album am 18.7.2008, lernte Bonez MC aber erst sieben Jahre später kennen und wurde schlussendlich sein Manager. Dies bezeichnete er selbst als »Vorsehung«.

Eminem war kurzzeitig bei Tinder. Der Account war echt.

Animus bezeichnete DCVDNS wegen der ersten Textzeile auf dessen Song »Der erste tighte Wei$$e« als Rassisten.

MC Bogy hat einem älteren Mann, der ihn angegangen hat, einen Kopfstoß verpasst. Der Mann ist seit der Attacke querschnittsgelähmt.

Die britische Zeitung *The Herald* hat den Fußballspieler Romelu Lukaku mit Rap-Superstar Stormzy verwechselt und nach Lukakus Wechsel zu Everton ein Foto von Stormzy in ihrem Bericht verwendet.

Kalim rastete während eines Auftritts beim Splash!-Festival aus und bewarf seinen DJ mit einer Flasche, weil dieser seiner Ansicht nach schlecht gearbeitet hatte.

Suge Knight kreuzte bewaffnet beim Videodreh zu »In da Club« von 50 Cent auf und drohte den Anwesenden. Während alle anderen Angst hatten, fing 50 Cent an zu kichern und zog eine Uzi hervor, mit der er Suge Knight vom Gelände jagte. Der bekannte Unternehmer Russell Simmons bestätigte die Geschichte und fügte hinzu, dass der Rapper lauthals gelacht haben soll, als er Suge Knight hinterhergerannt sei.

Swiss war unter den Demonstranten, die während des G20-Gipfels in Hamburg mit Wasserwerfern beschossen wurden.

Anfang 2019 löste die deutsche Bundesregierung nach einer Reihe von Hacker-Angriffen den Cyber-Alarm aus. Unter den Opfern des Datenklaus befanden sich neben der Bundeskanzlerin und mehreren deutschen Firmen auch Marteria und die Rapper von K.I.Z.

Bonez MC besitzt einen marokkanischen Pass.

Bushido geht nicht wählen, da es eine Illusion sei, dass seine Stimme etwas bewege und keine Partei seine Stimme verdient habe.

Kollegah gilt als Düsseldorfer, durch das Kennzeichen an seinem Auto kam jedoch raus, dass er in der Stadt Eilenburg im Osten Deutschlands lebt.

RAF Camora und PA Sports wollen beide nach ihrer Karriere nach Barcelona ziehen.

Veysel und Gzuz sind beide in der Serie *4 Blocks* zu sehen und haben sich in der Serie geprügelt.

Finch Asozial, Karate Andi und Capital Bra haben ihre Karrieren als Freestyle-Battle-Rapper bei *Rap am Mittwoch* begonnen.

MoTrip und JokA sind nach Palästina gereist, um ein Benefizkonzert zu veranstalten und einen Rap-Workshop für Kinder anzubieten.

Majoe und Kurdo haben für die Produktion ihres Albums *Bianco* zusammengewohnt. Dabei stellte sich laut Majoe heraus, dass Kurdo sehr oft Pornos schaue.

Banger-Signing SIPO ist der einzige Rapper, der einen Waffenschein besitzt.

Die kosovarische Pop-Sängerin Era Istrefi wurde bekannt, weil sie mit »Live it up« die offizielle Hymne zur Fußball-WM 2018 in Russland beigetragen hat. Ihre darauffolgende Single »Sayonara Детка« ist eine Eins-zu-eins-Kopie von Bausas »Was du Liebe nennst«.

Tupac sprach sich schon 1992 in einem Interview gegen eine Präsidentschaftskandidatur von Donald Trump aus und kritisierte vor allem dessen Habgier. Er erklärte, dass er die Menschen eindringlich vor dieser Person warnen wolle.

Während seines Türkei-Urlaubs traf Kollegah auf zwei italienische Kinder, die ihre Mutter verloren hatten. Da er selbst kein Italienisch sprach, rief er seinen DJ an und ließ ihn übersetzen. Mit seiner Hilfe konnte Kollegah die Kinder wieder zu ihrer Mutter bringen.

Shneezin zog beim Webvideopreis 2014 vor laufender Kamera die Hose runter und zeigte seinen Penis vor 60 000 Menschen im Livestream. Sechs Jahre später verriet er, dass die Aktion nicht abgesprochen war, er vorher mit Kollegah aber ausgemacht habe, dass Kollegah ihn auf die Bühne rufe, wenn er in seiner Kategorie gewinne, und dass er danach etwas »Behindertes« machen würde. Hätte Shneezin den Award gewonnen – er war in einer anderen Kategorie ebenfalls nominiert – hätte er Kollegah auf die Bühne gerufen und dieser hätte etwas Dummes machen müssen. Shneezin warf nach der Aktion noch ein Glas auf die Bühne, woraufhin Moderator Joko Winterscheidt ihn als »Arschloch« bezeichnete und der Essener Rapper rausgeworfen wurde.

Sido hatte seinen ersten TV-Auftritt im Jahr 1996. Damals wurde er als »Paul« vorgestellt und trug keine Maske.

Fler ist überzeugt davon, dass die Erde eine Scheibe ist. Bushido widersprach ihm.

Ufo361 wird nach einem katastrophalen Erlebnis nie wieder Urlaub in der Türkei machen: Er und seine Familie wollten eine Villa mieten und kamen stattdessen auf einer Baustelle an. Nach einer Beschwerde wurden sie in eine andere Villa gebracht, wo aber kein Wasser im Pool war.

Katja Krasavice war während des Spiels, bei dem Fußballer Philippe Coutinho drei Tore und zwei Vorlagen für den FC Bayern gegen Werder Bremen gemacht hat, im Stadion und bot ihm danach als Belohnung für seine Leistung eine Nacht mit ihr an. Er lehnte ab, da er glücklich verheiratet ist und Kinder hat.

Sowohl Noah als auch Gent wurden zwischenzeitlich als fünftes Mitglied der KMN-Gang gehandelt.

»DODI« war Shindys erster Song nach 782 Tagen Pause.

Jigzaw und Hamada haben sich vor einem Fitnessstudio in Hagen geprügelt.

Fler kündigt seit Jahren an, nach Amerika ziehen zu wollen.

Azet war nach einem Auftritt in der kosovarischen Hauptstadt Priština in eine Schlägerei verwickelt. Während es hierzulande kaum einer mitbekommen hat, war es am selben Abend Topthema in großen Medien im Kosovo, wie etwa der Zeitung *InfoKosova.*

Du Maroc veröffentlichte ein Foto von sich auf Instagram und bemerkte nach einigen Hinweisen von Fans, dass im Hintergrund eine transparente Gestalt zu sehen sei. Einige Fans vermuten einen Geist auf dem Bild.

KC Rebell war bereits in 32 Ländern. Aus irgendeinem Grund war er aber noch nie in England.

Kanye West hat einen Plattenvertrag bei EMI unterschrieben, obwohl darin stand, dass es ihm vertraglich verboten sei, jemals in Rente zu gehen oder längere Pausen einzulegen. Er hatte den Vertrag einfach nicht gelesen, bevor er unterschrieb, und musste sich später rausklagen.

Manuellsen hat seinen Nachbarn dabei erwischt, wie er seinen Porsche Cayenne bespuckte. Er ist ausgerastet und warf ihm daraufhin seinen Motorradhelm durchs Fenster.

Ein unglaublicher Zufall: Am 17. Januar 2020 veröffentlichte Eminem sein Album *Music to be murdered by* und stellte auf dem Cover ein Foto von Alfred Hitchcock nach. Exakt fünf Jahre vorher – am 17. Januar 2015 – hatte der schottische Rapper Darren Stewart einen Song mit dem Titel *Music to be murdered by* mit einem Sample aus einem Hitchcock-Film veröffentlicht. Unheimlich, dass all diese Variablen übereinstimmen.

Ein ehemaliger Freund von Bushido hat eine seiner goldenen Schallplatten, die er für das Album *7* erhalten hat, Anfang 2019 auf eBay versteigert. Das Startangebot lag bei 31 Euro – im kriminellen Milieu werden Verräter als »31er« bezeichnet.

Milonair hat seinen eigenen Fußballverein gegründet. Sein »Milonairs Club« spielt im offiziellen Spielbetrieb des Hamburger Fußballverbandes mit. Ausgestattet mit einem riesigen Etat und ehemaligen Spielern aus höheren Ligen will er es in den nächsten Jahren von der Kreisklasse über die Oberliga in die Bundesliga schaffen.

Im Januar 2019 versuchten vier verschiedene Personen das Wort »Capital Bra« als Marke einzutragen. Darunter Bushido, Arafat und eine vollkommen unbekannte Person.

The Game behauptet, ein Sextape mit Kim Kardashian zu besitzen, und drohte es zu veröffentlichen.

Im April 2019 blickte die Welt nach Paris, als die Kathedrale Notre Dame abgebrannt ist. DCVDNS war zum Zeitpunkt des

Brands in der Nähe und hat den Brand als einer der Ersten in seiner Story verbreitet.

Capital Bra hat den PIN-Code seines Samsung Folds mitgefilmt. Wer sein Handy in die Hände bekommt, muss nur 2312 eintippen und kann darauf zugreifen.

»Die Partei« benutzte ein Foto von Gzuz für ein Wahlkampf-Plakat. Man forderte darauf, dass sich Pfandflaschensammeln wieder lohnen solle.

Für sein Musikvideo »Gjynah« holte Azet einen Gepard ans Set. Dieser soll ihn während des Drehs zweimal versucht haben zu beißen. Beide Male konnte man in letzter Sekunde Schlimmeres verhindern. Das Erlebnis hat dafür gesorgt, dass Azet keine Drehs mehr mit Raubtieren machen will.

Money Boy führte für DAZN ein Interview mit NBA-Star Kyrie Irving und sprach darin unter anderem über das Faible des Basketballers für das Thema »flache Erde«.

18 Karat war früher kriminell, ist aber keineswegs kaltherzig. So unterstützte er unter anderem einen Fan, der an Blutkrebs erkrankt ist. Außerdem will er nach seiner Karriere mit Jugendlichen arbeiten und sie von der Straße holen.

Toni der Assi war Mitglied des Rockerclubs Black Jackets Mannheim, aus dem er aus moralischen Gründen ausgetreten ist.

Ahmad »Patron« Miri soll bereits zehn verschiedene Identitäten gehabt haben, um einer Abschiebung zu entgehen.

Kollegah spielte zum Release seines Albums *Kollegah* eine Pre-Tour. Später gab er zu, dass die Idee nicht ganz zu Ende gedacht war, da niemand die Songs kannte, die er gespielt hat, und dementsprechend auch niemand mitrappen konnte.

Nach dem schrecklichen Terroranschlag in Hanau, bei dem neun Menschen ihr Leben verloren, brachten türkische Medien eine Falschmeldung in Umlauf, wonach Azzi Memo unter den Opfern sei. Richtig ist, dass der Hanauer Rapper einige der Opfer kannte und sich in Folge des Anschlags gegen rechten Terror starkmachte. Außerdem organisierte er den Benefizsong »Bist du wach?«, mit dessen Einnahmen die Familien der Opfer unterstützt werden.

Bonez MC gibt seit 2016 jedes Jahr seine Neujahrsvorsätze bekannt. »Führerschein machen« stand bisher immer drauf.

Baba Saad kündigte bereits viermal sein Karriereende an.

Im Musikvideo »Ohne mein Team« hat sich ein Fail versteckt: In Sekunde 35 hat eines der Models eine Zigarette falschrum im Mund. Regisseur Shaho Casado hat sich einen Scherz erlaubt und die Szene im Musikvideo eingebaut.

Gzuz hat einige Monate einen Porsche gefahren. Nach einem Unfall, von dem es Videoaufzeichnungen im Netz gibt, ist er wieder auf Mercedes Benz umgestiegen.

Rapper B-Lash, der vor allem für den *100% Realtalk*-Podcast bekannt ist, war als Jugendlicher einmal mit seiner Mutter unterwegs und erwischte einen Mann, der sich an einem etwa 14-jährigen Mädchen vergehen wollte. Die Mutter des Rappers rastete völlig aus, prügelte den Mann zu Boden und trat ihm ins Gesicht, bis er blutüberströmt war.

Fero47 kommt ebenso wie Mert aus dem kleinen Örtchen Bad Pyrmont mit nur 20 000 Einwohnern.

Das Video »Rap Up 2019« von Money Boy wurde an derselben Location gedreht wie »Gummo« von 6ix9ine.

Brian Goldner, Boss der Spielzeugfirma *Hasbro,* hat sich alle Rechte an dem Musiklabel Death Row Records gekauft und ist damit Rechteinhaber des Nachlasses von Tupac.

Mit Mero, Xatar, Sinan-G und Kurdo beteiligten sich gleichermaßen kurdische und türkische Rapper an einer Protestaktion gegen die türkische Militäroffensive in Idlib.

Eine Petition fordert, dass die Otto-von-Bismarck-Straße in Frankfurt wegen dessen Beteiligung an der Kolonialpolitik Europas im 19. Jahrhundert in »Haftbefehl-Straße« umbenannt wird.

Cora Schumacher, Ex-Frau des ehemaligen Formel-1-Fahrers Ralf Schumacher, hat einen Rap-Song namens »In die Bank« veröffentlicht.

Capital Bra hat versehentlich den Namen seines *Call of Duty*-Profils geleakt. Wer mit ihm spielen will, muss nach »capi_original« suchen.

Ufo361 kündigte monatelang sein Karriereende an und war daraufhin für etwa zwölf Wochen weg. Dass er nicht aufhören würde, stand aber schon vorher fest. Etwa drei Monate vor seinem vermeintlichen Karriereende erklärte er in einer Story nämlich, dass er seine Karriere doch nicht beenden werde. Die Story war lediglich für drei Sekunden online und wurde somit von kaum jemandem gesehen. Alles was danach geschah, war aber dementsprechend schon ein halbes Jahr vorher geplant.

Manuellsen spricht fließend Türkisch. Dies hat er nach eigener Aussage auf der Abendschule gelernt.

Während eines Konzerts von Mero in Ludwigsburg ging eine anonyme Bombendrohung bei den Behörden ein. Die Polizei durchsuchte die Halle zweimal, doch konnte sie nichts finden und ließ den Rapper den Auftritt vor 5500 Zuschauern beenden.

Jasko hat MOK das Pfandgut seiner drei Shisha-Bars angeboten.

Enemy ist überzeugter Kommunist und rappte auf seiner ersten großen Single den Satz *»Joseph Stalin ist wie Gott für mich«*.

Gzuz und Bonez MC waren auf der *Anthrazit*-Tour von RAF Camora zu Gast. Nach der Show sind sie komplett eskaliert und zerlegten den gesamten Backstage-Bereich. Das Ergebnis waren ein zerstörter Tisch, zerbrochene Flaschen überall, eine eingetretene Tür und ein kaputter Getränkeautomat. Gzuz hatte die Scheibe eingeschlagen, weil er eine Cola wollte.

Der deutsche DLTLLY-Rapper Mars B. rastete während seines Battles gegen Tobi High aus und schlug einem Zuschauer, der ihn mit einem Bierdeckel bewarf, ins Gesicht. Die Szene wurde aus dem Battle nicht rausgeschnitten, da man offen mit dem Vorfall umgehen wollte.

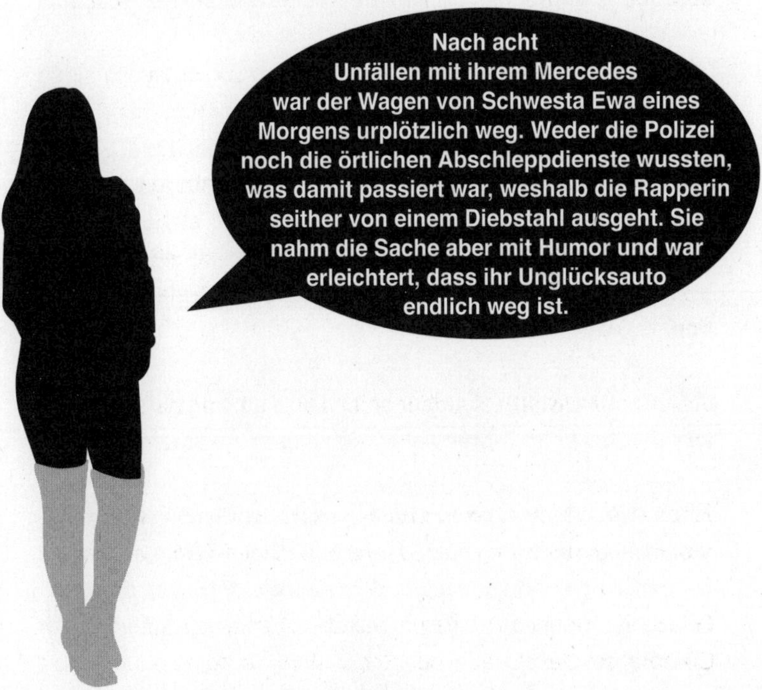

Nach seiner Unterschrift bei Borussia Dortmund tauchte ein Rapvideo von Torjäger Erling Haaland auf. Der damals 16-Jährige hatte zusammen mit ein paar Freunden eine Crew namens Flow Kingz.

Produzent Gorex, der derzeit für Bushido produziert, behauptet, dass die Geissens offene Rechnungen bei ihm hätten und diese nicht bezahlen würden.

Wegen eines starken Unwetters stürzte im Jahr 2019 während eines Konzerts von Casper und Marteria vor 20 000 Zuschauern die Bühne ein. Dabei wurden drei Menschen schwer und über zwanzig leicht verletzt.

Die *Palmen aus Plastik 2*-Tour hat über 70 Personen beschäftigt und 1,5 Millionen Euro gekostet. Zum Bühnenbild gehörte unter anderem ein riesiges mechanisches Krokodil, das sich bewegte und das Maul öffnen konnte.

Gzuz hat besoffen versucht, eine Sauerstoffflasche aus einem Krankenwagen zu klauen.

RAF Camora wollte, seitdem er 11 Jahre alt war, auf das Cover der Bravo. Mit 36 Jahren hat er sich diesen Traum erfüllt.

Über den echten Namen von Miami Yacine kursieren zahlreiche Falschinformationen im Internet. Einige Seiten schreiben, er würde den Namen Sakaria Ilinas Lafayette tragen. Auch der Name Zeko Assante ist im Umlauf. In Wahrheit heißt er Yassine Baybah.

Für sein erstes Musikvideo hat Bonez MC im Jahr 2006 bei Aldi eine Kamera für 100 Euro gekauft und auf einem Schiebehandy von Samsung seinen Track abgespielt, um das Video lippensynchron aufzunehmen. Gefilmt hat der Graffitisprüher Track, der auch heute noch bei 187 ist.

Kollegah handelte sich 2007 Ärger mit der albanischen Community ein. Auf seinem Album *Alphagene* rappt er: *»Weil sie in hoffnungsloser Lage sind wie Kosovoalbanien.«* Kritiker warfen ihm vor, den Krieg im Kosovo zu verharmlosen. Kollegah entschuldigte sich und gab an, dass es sich um einen neutralen Vergleich handle.

Samra wurde vorgeworfen, etwas gegen Serben zu haben, weil er auf Azads Album die Zeile *»Serbisch-orthodoxe Bitches feiern mich wie Ostern«* gerappt hat. Als Geste der Entschuldigung hört er in seiner Story ein von der serbischen Sängerin Rada Manojlovic dargebrachtes Lied.

Kendrick Lamar hat ein Smartphone-Verbot für seine Konzerte ausgesprochen.

Mert hat zwei Songs und ein Album mit dem Titel »Boxerschnitt« sowie zwei Songs mit dem Titel »Ausländer 2«.

Luciano heißt im echten Leben Patrick Großmann.

Azets bürgerlicher Vorname lautet Granit.

Es ist ein ungeschriebenes Gesetz, dass jeder Berliner Rapper einen Song mit dem Titel der Stadt hat. Fler, Bushido, Sido, Capital Bra, King Khalil, Samra, Mach One, MC Bogy, Basstard Massiv und viele mehr erfüllen dieses Klischee. Nur Kool Savas hat noch keinen Berlin-Song.

Cro war zwischen 2006 und 2008 unter dem Namen Lyr1c als Battle-Rapper in der RBA aktiv.

Maître Gims mietete sich nur wenige Wochen nach dem Erfolg seines Songs mit Shirin David eine Luxusyacht vor Korsika und feierte darauf eine Party mit Freunden. Als er gerade am Feiern war, ging das Schiff wegen eines Motorschadens in Flammen auf. Dank des Eingreifens der französischen Marine konnten alle gerettet werden.

Der US-Rapper Infidelix wurde am U-Bahnhof Warschauer Straße in Berlin trotz gültigen Tickets von Bahnkontrolleuren zusammengeschlagen, weil diese ihm unterstellten, schwarzgefahren zu sein.

Finch Asozial hat einen Song mit der Rave-Band Scooter aufgenommen.

Zum Release von *JBG2* waren Kollegah und Farid Bang in der Sendung *TV Total* von Stefan Raab zu Gast. Für die Ausstrahlung im Fernsehen wurde ein Freestyle von Kollegah herausgeschnitten.

Ufo361 und Capital Bra haben vor einigen Jahren die Arbeiten an einem Kollabo-Album begonnen, es aber nicht fertiggestellt.

LX soll sich in einem Restaurant in Hamburg-Lurup mit einem 39-jährigen Gerüstbauer geprügelt haben. Der Streit brach aus, weil der Rapper laut am Handy telefonierte.

Summer Cems Hit »Tamam Tamam« wurde ohne seine Erlaubnis in einer türkischen Viagra-Werbung benutzt, die im Fernsehen gesendet wurde.

Kurz vor einem SXTN-Konzert in Stuttgart wurde wenige Meter von der Location entfernt eine scharfe Fünfhundert-Kilo-Bombe aus dem Zweiten Weltkrieg gefunden. Um zu vermeiden, dass Panik ausbricht, wurde die Veranstaltung des Konzerts gestattet und direkt danach das Gelände evakuiert, um die Bombe von Spezialisten entschärfen zu lassen.

Bushido hat zu Beginn seiner Karriere zeitweise in Hannover gewohnt.

Als der Hamburger Rapper Kalim eines Morgens in seine AMG G-Klasse einsteigen wollte, fehlten plötzlich die Reifen. Dreiste Diebe hatten sie abmontiert und mitgenommen.

Die *Obststand 2*-Tour von LX und Maxwell ist die erste Tour in der Geschichte der 187 Strassenbande gewesen, auf der nicht alle 187-Rapper dabei waren, obwohl keiner im Knast gesessen hat. Gzuz befand sich auf Kuba und konnte wegen der Pleite der Airline Thomas Cook mehrere Wochen nicht zurückreisen.

Hacker haben sich Zugang zu Miami Yacines Instagram-Account verschafft und forderten Lösegeld von ihm. Er bekam seinen Account am Ende aber ohne Zahlung wieder.

Als Anspielung auf Kollegahs »Alles auf Null«-Video ruft RIN bei seinen Live-Shows immer den Satz: »Könnt ihr alle Türen zumachen?«

Snoop Dogg wollte nach einem Gastauftritt auf einem Konzert von 50 Cent kurz dessen Lamborghini ausleihen und ein wenig damit herumfahren. 50 Cent hat sein Auto erst eine Woche später zurückbekommen.

Ein Xatar-Interview von 2009, in dem er im Knast darüber spricht, wie gerne er einen Köftespieß essen würde, wurde zum Meme. Zeitweise war der Hype um den Spruch so groß, dass das Wort »Köftespieß« auf Platz 1 bei Pornhub stand.

Sun Diego hat sich seit dem 12. September 2012 nicht mehr ohne Maske oder Bandana gezeigt.

Data Luv leidet im Privatleben teilweise unter seiner Bekanntheit. So hat einer seiner Mitschüler seinen Rucksack unbemerkt entwendet. Außerdem kursiert im Internet ein Video, in dem der Rapper geschlagen wird.

Capital Bra, Bushido, Eko Fresh, Haftbefehl, Xatar und Gzuz haben sich öffentlich gegen die AfD ausgesprochen.

Capital Bra setzt sich wegen der Feinstaubbelastung für ein Böllerverbot an Silvester ein.

Die KMN-Gang hält mit 21,6 Metern den Weltrekord für das höchste freischwebende Konzert. Sie performten über den Dächern von Berlin in einem Container, der an einem Kran befestigt war.

2006 erlangte die Crew Grup Tekkan wegen ihres Songs »Sonnenlicht« zweifelhaften Ruhm in Deutschland und stieg sogar auf Platz 12 der Singlecharts ein. Zwölf Jahre später wollte die Crew ein Comeback mit ihrer 2006 aufgenommenen Single »Ohne dich« starten, stellte den Song jedoch trotz Ankündigung nicht online und hat sich seitdem nicht mehr zu Wort gemeldet.

Nach den Erpressungsversuchen gegen ihn wurde Capital Bra Polizeischutz angeboten. Das Angebot lehnte er ab.

Loredana kündigte eine musikalische Auszeit ab dem 10. April 2020 an. 19 Tage später kam eine neue Single.

Bonez MC fand sich während eines LA-Aufenthalts im unheimlichsten Hotel wieder, das er je gesehen hatte. Als der Hamburger durch den Flur ging, bemerkte er in einer Ecke den Satz »Satan Loves Sinners«. Außerdem waren in den Zimmern Beutel mit Salz und weitere okkulte Gegenstände ausgelegt. Die Beleuchtung war ebenfalls ungewöhnlich dunkel, weshalb Bonez es nach einem Tag lieber wieder verließ.

Im April 2018 wurde ein blutender Mann auf dem Grundstück von Bushido und Arafat in Kleinmachnow festgenommen. Warum er blutete und was er dort gemacht hat, wurde nie geklärt.

Eine AfD-Politikerin forderte, dass Farid Bang die deutsche Staatsbürgerschaft entzogen werden und er nach Marokko ausgewiesen werden solle, wenn er keinen »Integrationstest« bestehe.

Jigzaw hat behauptet, schon vor seiner Karriere als Rapper mit 18 Karat zu tun gehabt zu haben. Angeblich haben er und der Dortmunder einmal gemeinsam »Kilos verpackt«.

Apache 207 war in der Instagram Story von Reezy versehentlich ohne Brille zu sehen. Bis dahin hatte er sich noch nie ohne die Sonnenbrille, sein Markenzeichen, gezeigt.

Bonez MC berichtete der Leserschaft der *Bravo* von der schlechtesten Eigenschaft von RAF Camora: *»Er ist echt unordentlich. Ich sage nur: Tourbus!«* Früher, als sie noch kleine Konzerte gespielt und sich einen Backstageraum geteilt haben, sei es sogar vorgekommen, »dass Unterhosen vertauscht wurden«.

Al-Gear hat in einem Hotel mitbekommen, dass ein Pärchen auf dem Zimmer Sex hatte. Anstatt einfach weiterzugehen, rief er die Zimmernummer an und gab sich als Rezeptionist aus, um das Pärchen unter einem Vorwand vor die Tür zu locken. Als die beiden aus dem Zimmer kamen, filmte er sie und machte sich über sie lustig.

AK Ausserkontrolle besitzt seit seiner Geburt lediglich einen temporären Aufenthaltstitel in Deutschland und muss seine Aufenthaltserlaubnis alle drei Monate verlängern lassen. Dadurch konnte er in seiner Jugend keine Ausbildung anfangen, denn kein Arbeitgeber wollte ihn mit unsicherem Aufenthaltsstatus einstellen. Dies trug maßgeblich dazu bei, dass er auf die schiefe Bahn geraten ist. Erst nachdem er im Mai 2019 abgeschoben werden sollte und sich öffentlicher Widerstand regte, bekam er drei weitere Jahre bewilligt. Einen dauerhaften Aufenthaltsstatus will man ihm trotzdem nicht geben.

Die renommierte US-Zeitung *New York Times* hat einen Artikel über Sun Diego geschrieben, dessen Überschrift lautete: »Jewish Rapper takes on Germany's Hip-Hop Scene«.

Gzuz ist das einzige Feature auf Lucianos erstem großen Album *Eiskalt*.

Kollegah hat die Grenzen seines Humors nach einem Besuch im KZ Auschwitz überdacht und acht Songs gelöscht, in denen er Vergleiche mit Bezug auf den Holocaust verwendet hatte.

Die Spotify-Seite von RAF Camora hatte nach dem *Anthrazit*-Release wochenlang absurde Fehler. So wurde beispielsweise bei einem Song angezeigt, dass SpongeBOZZ gefeatured würde, obwohl er nicht auf dem Track war.

Das ehemalige 187-Mitglied Hasuna behauptete drei Jahre nach seiner Trennung, dass er wieder bei der 187 Strassenbande sei und mit Bonez MC bereits sein Album-Release geplant sei. Weder das eine noch das andere hat sich bewahrheitet.

Ein 14-jähriger Junge aus Mülheim an der Ruhr wurde letztes Jahr wegen mehrerer Vergewaltigungen festgenommen. Später wurde bekannt, dass er Rap-Videos ins Netz gestellt hatte, in denen er mit seinen Taten geprahlt hat. Ein Video machte die Runde in den sozialen Netzwerken, als es vonseiten der Identitären Bewegung genutzt wurde, um Hetze gegen Immigranten zu betreiben, da es sich bei dem Täter um einen Jugendlichen aus Bulgarien handelte.

Der rumänische Rapper Jador kopierte den Song »Olabilir« von Mero und landete mit dem Track »Mireasa« sogar in den deutschen YouTube-Trends.

Zu Beginn seiner Karriere nannte Capital Bra sich nur »Capital«. Da das Wort jedoch markenrechtlich geschützt ist und von der Finanzzeitschrift *Capital* genutzt wird, musste er seinen Namen zu Capital Bra ändern.

Ein 19-jähriger Brite hackte verschiedene Rapper und leakte Songs von Stars wie Kanye West und Beyoncé. Die Band Radiohead erpresste er mit einem Leak und forderte sie auf, ihm umgerechnet 135 000 Euro zu überweisen. Dadurch konnte er letztlich gefasst werden.

Obwohl online nur zwei *Da Vinci Code*-Videos zu finden sind, hat Al-Gear auch einen dritten Teil gegen den Rapper Tatverdacht gedreht. Um einer Anzeige zu entgehen, stellte er es jedoch nicht ins Netz, sondern veranstaltete private Vorführungen für seine Fans, bei denen sie das Video einmal sehen konnten.

Gzuz und Fler haben im Januar 2019 gleichzeitig Urlaub auf Palma de Mallorca gemacht und unbemerkt in derselben Gegend gewohnt.

Bonez MC hat Ufo361 im gemeinsamen LA-Urlaub seine Schuhe geklaut, um sie einem Obdachlosen zu schenken.

Bausa kam im Bademantel zur Gala anlässlich des Musikpreises *1Live-Krone* und gewann in seiner Kategorie.

Bei Spotify hat es einen komischen Fehler gegeben. Dort wurde einen Tag lang der Song »Ausländer 2« eines 15-jährigen Hobbyrappers aus Deutschland auf der Künstler-Seite des US-Superstars Future angezeigt. Der Song sammelte dadurch knapp 100 000 Streams.

JAZN hat für das Musikvideo seiner Single »Bonne Chance« einen Überfall inszeniert, bei dem vier maskierte Männer in ein Geschäft laufen und dieses überfallen. Beim ersten Take vergaß der Fahrer jedoch die Handbremse zu ziehen, weshalb der schwarze Mercedes plötzlich anfing, nach hinten wegzurollen.

Die Single »Mercy Mercy« von Maxwell und LX musste gelöscht werden, weil sie einen kurzen Ausschnitt aus der Single »Shy Guy« von Diana King enthält und diese die Freigabe nach dem Release zurückzog.

Xatar war als Gast bei einem Auftritt der KMN-Gang und konnte seinen Augen nicht trauen, als er sah, dass es backstage keine Party gab, sondern eine Frau dort saß und häkelte.

Loredana spricht fließend Schweizerdeutsch.

Ein Markenzeichen von Capital Bra ist die Gucci-Kappe, die er insbesondere zu Beginn seiner Karriere immer getragen hat. Der Berliner fühlte sich seiner eigenen Aussage nach sehr wohl mit seiner Cap, sodass er teilweise sogar auf Hochzeiten im Anzug erschien und trotzdem seine Gucci Cap auf hatte.

Das Video zu »Was Hast Du Gedacht?« von Gzuz wurde vom Channel *Worldstarhiphop* gelöscht.

Farid Bang hat innerhalb von vier Monaten zweimal dieselbe Zeile gerappt. Sowohl auf seinem Feature-Part auf *Chabos wissen wer der Babo ist*, als auch auf der *JBG2*-Single »Hallelujah« rappt er *»Mach Rapper zur Schnecke wie ein Transenchirurg«*.

Die AfD veröffentlichte ein Foto mit einem südländisch aussehenden Mann, der einem vermeintlichen Polizisten nur wenige Zentimeter entfernt gegenübersteht und ihm bedrohlich ins Gesicht schaut. Auf diese Weise wollte die Partei gegen Zuwanderer hetzen. In Wahrheit sind beide Personen Schauspieler. Das Foto stammte vom Dreh der Serie *Dogs of Berlin*, in der unter anderem Sinan-G mitspielt.

Der bürgerliche Name von Sa4 ist Anton Kolja Pehrs.

Olexesh nahm einen Remix zum russischen Hit »Розовое вино« (deutsch: Rotwein) auf. Die Russen zogen ihre zunächst erteilte Freigabe jedoch wieder zurück und haben es ihm verboten, den Song rauszubringen. Aus unerklärlichen Gründen wurde der Song später geleakt.

Auf dem Intro von *Sampler 3* der 187 Strassenbande rappt Bonez MC in Doubletime-Geschwindigkeit.

Kool Savas begann Anfang der 1990er-Jahre eigentlich auf Englisch zu rappen. Damals trat er noch unter dem Namen Juks auf. Dass er auf Deutsch statt auf Englisch rappen würde, entschied er später, nach einer Reise in die USA.

Der Künstlername von Bass Sultan Hengzt setzt sich aus seinem ehemaligen Label Bassboxx (Bass), seinen türkischen Wurzeln (Sultan) und seinen italienischen Wurzeln in Kombination mit dem Spitznamen »Italion Stallion« (deutsch: Italienischer Hengst) von Sylvester Stallone zusammen.

Kontra K ist bekannt dafür, dass er die Patenschaft für einen weiblichen Tiger übernommen hat und das Tier namens Elsa bis heute oft besucht, ihr ein artgerechtes Gehege gebaut hat und sie manchmal auch per Hand füttert. Er hat aber noch einen zweiten Tiger gerettet. Der Rapper befreite das Tier aus einem französischen Zirkus und brachte es in einer Auffangstation mit deutlich besseren Bedingungen unter.

Maxim und Nico von K.I.Z treten regelmäßig bei regionalen Wahlen in Berlin als Spitzenkandidaten für »Die Partei« an.

Auf dem ersten K.I.Z-Album *DasRapDeutschlandKettensägenmassaker* aus dem Jahr 2005 tritt Nico noch unter dem Künstlernamen Euro2000 auf. Davor nannte er sich Euro8000, entschied sich letztlich aber dafür, unter seinem bürgerlichen Vornamen zu rappen.

Der Anwalt von Gzuz ist Christopher Posch, der durch eine eigene Sendung auf RTL bekannt wurde.

Fler kündigte einen Film über sein Leben an. Specter soll dabei Regie führen.

Der US-Wettanbieter Sportsbetting hat Wetten zum Gerichtsurteil von 6ix9ine angeboten. Man konnte nicht nur eine Wette zum Urteil platzieren, sondern auch darauf setzen, ob der Rapper bei der Urteilsverkündung weinen würde. Wer auf »Nein« gewettet hätte, hätte seinen Einsatz verdoppeln können.

12
R.I.P

Mit dem Tod von XXXTentacion begann eine tragische Reihe von Todesfällen in der US-Rapszene. Nachdem er am 18. Juni 2018 erschossen wurde, starben binnen 19 Monaten unter anderen Juice WRLD, Pop Smoke, Lil Peep, Jimmy Wopo, Mac Miller, Nipsey Hussle und Fredo Santana – um nur die Bekanntesten zu nennen. Alle starben entweder durch Schussverletzungen oder an den Folgen einer Überdosis.

Mr. Wixa wurde nach seinem tragischen Tod mit nur 29 Jahren in Istanbul beerdigt. Seine Familie veröffentlichte den Ort seiner letzten Ruhestätte, damit Fans des Entertainers und Rappers sein Grab besuchen können.

Rapper Prodigy, die eine Hälfte des Hiphop-Duos Mobb Deep, verstarb vor einem Auftritt in Las Vegas, weil er sich an einem Ei verschluckte.

Ali Bumaye wäre beinahe bei einem Kanu-Unfall ertrunken. Sein Gewicht ließ das Boot kentern. Als sich das Kanu drehte, verhedderte sich der Regen-Poncho von Ali am Boot und wickelte sich um seinen Kopf. Nur mithilfe eines Kumpels konnte er sich rechtzeitig befreien.

Am 10. Juli 2019 machte eine Todesmeldung von Kollegah die Runde. Google verzeichnete an diesem Tag knapp 50 000 Suchanfragen dazu. Kollegah reagierte auf die Gerüchte mit Humor: »Da war der Boss gestern offenbar kurz tot. Aber dann ist er einfach wieder auferstanden.«

Nicht nur männliche Rapper werden in den USA häufig Opfer von Gewalt. US-Rapperin Nina Ross Da Boss wurde mit 31 Jahren erschossen und hinterließ sechs Kinder.

MoTrip hat ein trauriges Drama erlebt. Er fuhr in seiner Heimatstadt Aachen an einem Tatort vorbei. Ihm fielen die zahlreichen Polizeiautos und Krankenwagen auf. Stunden später erfuhr er, dass ein Freund von ihm an dieser Stelle auf offener Straße erschossen worden war.

Laut Sun Diego wurde 2016 ein Mordversuch auf ihn verübt. Während einer Autofahrt platzten beide Vorderreifen seines Wagens gleichzeitig. Im Auto saßen zu dem Zeitpunkt seine Frau und sein Sohn. Beide blieben unverletzt.

Wenige Tage vor seinem Tod unterschrieb XXXTentacion einen Deal über 10 Millionen US-Dollar.

Bevor sie den größten Beef aller Zeiten austrugen, an dessen Ende beide Künstler starben, waren Tupac und Biggie sehr gut miteinander befreundet. Tupac soll B.I.G. seine erste Rolex geschenkt haben.

Der Berliner Rapper Samson Wieland, bekannt durch das Hiphop-Duo SAM, verstarb im Alter von nur 28 Jahren. Er war einer der besten Freunde von Nura und hatte kurz vorher seinen größten Erfolg mit der Single »Babebabe« gefeiert.

Massiv wurde im Alter von 25 Jahren in Berlin-Neukölln angeschossen. Ein maskierter Mann trat an ihn heran, als der Rapper gerade an seinem Auto stand und telefonierte. Von drei abgefeuerten Geschossen traf ihn eines an der Schulter. Erst neun Jahre später kehrte er erstmals wieder an den Ort des Attentats zurück.

Der 35-jährige US-Rapper Fred the Godson gilt weltweit als erster bekannter Rapper, der an den Folgen von Covid-19 verstorben ist.

Brittany Murphy, die Film-Freundin von Eminem im Film *8 Mile*, ist 2009 verstorben. Sie wollte eine Lungenentzündung selbst behandeln, nahm aber unpassende Medikamente ein, die die Krankheit noch verstärkten.

Ein ranghoher Polizist des New York Police Department soll angeordnet haben, 50 Cent bei einem Box-Event in New York zu erschießen. Gegen den Commanding Officer des NYPD wird weiterhin ermittelt.

Die Legende besagt, dass die letzten Worte von Tupac »Fuck you!« gewesen sein sollen und an einen Polizisten gerichtet waren, der als Erster an der Stelle eintraf, an der auf ihn geschossen wurde.

Nach einer Drohung von Ahmad Miri gab es Falschmeldungen über den Tod von Zuna.

Nach der Ermordung von Nipsey Hussle ließen die verfeindeten Gangs der Bloods und Crips ihre Differenzen ruhen und veranstalteten einen gemeinsamen Trauermarsch.

Bevor er 1995 erschossen wurde, war bereits im November 1994 ein Anschlag auf Tupac verübt worden, bei dem ihn fünf Kugeln trafen. Aufgrund dieses Vorfalls entstand der gesamte Beef mit Biggie, vor dessen Tonstudio sich diese Attacke ereignet hatte.

Azets ehemaliger Tourmanager Sefa H. kam bei einem Autounfall in Priština ums Leben. Er organisierte die Kosovo-Tour von Azet und war nur wenige Stunden vorher noch mit dem Rapper unterwegs gewesen.

Pascal Kerouche befand sich am selben Tag in Philadelphia, an dem Bankroll Gambino, ein bekannter Rapper aus der Stadt, erschossen wurde. Da sich der Fotograf oft mit Künstlern trifft, gingen zeitweise Gerüchte rum, Pascal Kerouche wäre eine von den neun Personen gewesen, mit denen Bankroll Gambino an dem Tag unterwegs war.

Während der Beerdigung von Nipsey Hussle gab es ein Drive-By-Shooting auf die Trauergäste. Dabei starb eine weitere Person.

Stunden bevor er ermordet wurde, traf Tupac bereits auf seinen Mörder: Der Rapper verprügelte das Gangmitglied in einer Hotel-Lobby nach einem Boxkampf von Mike Tyson.

Die Netflix-Serie *Unsolved* behauptet, den Mörder von Notorious B.I.G. gefunden zu haben. Wardell »Poochie« Fouse soll den Rapper für 13 000 US-Dollar erschossen haben – und den Auftrag angeblich von Suge Knight erhalten haben.

Während eines Urlaubs in der Schweiz hat ein 29-jähriger Deutscher seine 22-jährige Freundin nach einem Streit umgebracht. AK Ausserkontrolle erfuhr durch einen Zeitungsbericht, dass der Täter sein Logo als Gesichtstattoo trägt, und erklärte daraufhin, es sei »eine Schande, dass so was meine Musik hört«.

Azets Vater war nach einem Sturz auf einer Baustelle querschnittsgelähmt – ein Erlebnis aus seiner Kindheit, das Azet auch in seiner Musik verarbeitete. Vier Tage vor seinem ersten Soloalbum ***Fast Life*** traf die Familie dann der nächste Schicksalsschlag – Azets Vater fiel ins Koma. Zunächst konnte er sich schnell wieder ins Leben zurückkämpfen, doch dauerte es leider nicht lange, bis der Vater des Albaners den Kampf dann doch verlor. Zwei Tage nach Azets Kollabo-Album *Super Plus* verlor Azet seinen Vater.

Im Mai 2019 ging ein Anschlag auf den Doppelplatin-Rapper Youngboy Never Broke Again schief. Der Angreifer eröffnete das Feuer auf dessen Wagen, traf aber nicht den Rapper, sondern den Oberarm seiner 19-jährigen Beifahrerin. Der Bodyguard von Young NBA zog daraufhin eine Ak47 und erschoss den Attentäter.

Am 31. März 2019 vereinbarten Nipsey Hussle und Bonez MC, der gerade zu Gast in Los Angeles war, ein Feature für das Album des 187-Rappers zu machen. Später am Tag wollten sie sich treffen, doch bevor es dazu kam, wurde Nipsey auf offener Straße erschossen.

Im Juni 2020 starb der Hund von Samarita an Krebs. Das Tier mit dem Namen Django war laut Samarita sein bester und treuester Freund.

Jeder 187-Fan sollte die Geschichte von Faruk kennen. Der Rapper und Freund von Bonez MC verstarb am 24.11.2014 an den Folgen eines nicht selbst verschuldeten schweren Autounfalls. Der damals 22-jährige Faruk war am 20. November zusammen mit drei Freunden in einem Auto unterwegs. Der Rapper saß auf der Rückbank, während der 19-jährige Fahrer bei Rot über eine Ampel fuhr. Dabei kollidierte ihr Wagen mit einem Mazda. Der 42-jährige Fahrer des Mazda wurde eingeklemmt, überlebte den Unfall jedoch. Auch der 19-jährige Unfall-Fahrer des VW Tiguan und die anderen Beifahrer überlebten den Unfall mit leichten bis mittelschweren Verletzungen. Faruk erlitt jedoch schwere Kopfverletzungen und starb trotz intensiver Bemühungen der Ärzte vier Tage nach dem Vorfall. Der Unfall-Fahrer muss seitdem mit dem Tod Faruks leben und wurde auch juristisch dafür belangt.

Massiv spielte in *4 Blocks* die beliebte Figur Lativ, die gegen Ende der Serie aber erschossen wird. Sein Schauspiel-Kollege Georges Khoukaz, der ihn in der Serie umgebracht hat, wurde deshalb von Fans, die offenbar nicht zwischen Fiktion und Realität unterscheiden konnten, in seiner Heimatstadt Cottbus terrorisiert und bekam Droh-Mails und -Anrufe.

Der deutsch-türkische Rapper Massaka inszenierte im Juli 2020 seine Ermordung und veröffentlichte ein Video, in dem er vorgeblich in Istanbul erschossen wird. In Wahrheit war dies lediglich ein Promo-Move für seine Single.

Im Musikvideo »Warum« von Gzuz befindet sich der Rapper in einer Gegend, die von den Bloods kontrolliert wird. Gangmitglied Danny, der eine prominente Rolle in dem Video hatte, wurde nur Wochen nach dem Release erschossen.

Anfang Februar 2020 machten Falschmeldungen zum Tod von Bushido die Runde. Das Thema verbreitete sich über WhatsApp und Instagram und wurde so groß, dass der Suchbegriff »Bushido tot« in den Google Trends auftauchte. Selbst die Faktencheck-Seite Mimikama beschäftigte sich mit Meldungen zu dem Thema.

Die letzten Worte von Nipsey Hussle waren an seinen Mörder gerichtet. Er sagte: »You got me« (deutsch: Du hast mich erwischt).

Über die Autoren

Raptastisch.net wurde 2015 von A. Joumaa Moldt gegründet. Seit 2017 sind Valerias Bangert und Armend Meholli Teil der Geschäftsführung. Von Hamburg aus berichten sie und ihr Team täglich über die aktuellen Geschehnisse innerhalb der deutschen Rap-Szene. Mit fast neun Millionen Aufrufen im Monat gehört raptastisch.net zu den erfolgreichsten Rap-Portalen in Deutschland.

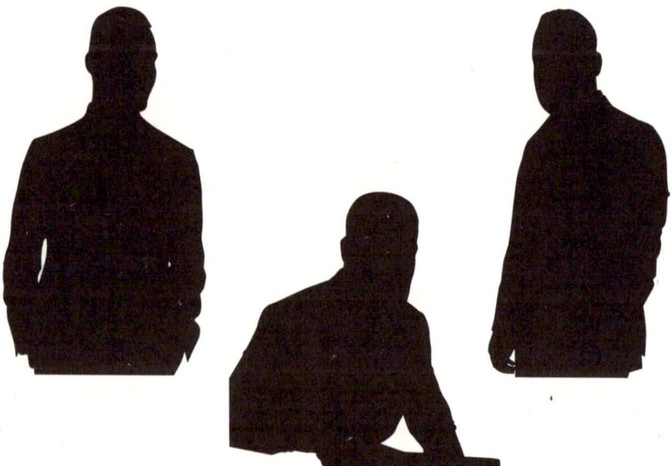